自分に
自信がない
あなたでも
必ずうまくいく

# 素《す》のコミュニケーション術

How to communicate
with others in your own way;
even when you have no confidence.


ワタナベ薫

Kaoru Watanabe

# はじめに

## ● 素を出してコミュニケーションできないのはなぜか？ ●

「はじめまして、こんにちは」
「こんにちは…」
「お仕事は何をされていますか？」
「普通の会社の経理をしてます……」
「ご趣味は何ですか？」
「特には……ないですね。仕事が忙しいので」
「ご結婚はされていますか？」
「はい。でも、子どもはいません……あ、でもでも、結婚生活は楽しいですよ」

初対面でひと通りのことを話し終わった後、あなたはどうしていますか？
沈黙になるのがいやで、相手の顔色を伺いながら、興味のない話題を無理に続けたり………。

会社や趣味のサークルでも、同僚や友人に対して、一歩引いた関係を築いてしまうという人もいます。

「今度の休み、どうしてる？　バーベキューでもみんなでしない？」
「いいねぇ。行こう行こう」
盛り上がっている会話を傍目で見ながら、あなたの心の中は
「(もし誘われたら………やだな)」
という気持ちでいっぱい………。
友だちとバーベキューに行くことくらい、別のコミュニティ（幼なじみや本当に気を許した人達）の中では、なんでもないことなのに……。
なぜか、このコミュニティでは身構えてしまう。

## ● 人間関係の悩みの根本は素になれないこと ●

**最近、素の自分を出せないことに苦しむ人が増えています。**
自分の身の周りのすべてのコミュニティでヨソヨソしく接して、気が抜けるのはひとりの時だけ、という人も決して珍しくありません。

こういう方は、**「周りの期待に応えたくて」、「和を乱したくない」**という優しい気持ちを周囲に対して持っています。
しかし、なかなか素を出せないことで、**自分の身の周りに窮屈な人間関係ばかり築いてしまうのです。**

私のコーチングを受けに来る方の中にも、職場やご近所づきあいでこうした悩みを抱えているという方が大勢いらっしゃいます。
いや、正確に言うと、悩みの症状は様々あります。
**「上司が自分の功績をちゃんと認めないのが腹立つ！」**
**「同僚の中で、なんとなく自分だけ疎外されている気がする」**
**「近所で、子どもを注意したら、それ以来、近所仲がぎこちなくなった」**
これら悩みの根本はたどってみると、お互いをわかり合えないことや誤解に起因することがほとんどです。
そして、人間関係の悩みは、周囲とのコミュニケーションがうまく出来れば、いくらでも修復することができます。

## ● コミュニケーション能力は鍛えるものじゃない ●

しかし、コミュニケーションについて、多くの人は誤解をしています。
それを最もあらわしているのが、「コミュニケーション能力」という言葉です。

私たちは、コミュニケーション能力と聞くと、**身につけなければいけないもの、鍛えなければいけないものと思いがち**です。

実際、世間にはコミュニケーション能力を鍛えるため、すぐにでもできるテクニックを載せた実用本が氾濫しています。

しかし、表面的なコミュニケーション能力が高くなっても、他人と信頼関係を築くことはできません。他人と打ち解けるには、やはり本音で接しあうことが必要ですよね。

この本では、あなたが素になって周りとうまくコミュニケーションをとるために何が必要か、ステップを踏みながら解説していきます。

**「素になることで、本当に周りとうまくやっていけるの？」**
という疑問が湧いてくる方は、次のことに躊躇していますよね。

**素の自分を見せたら、相手に嫌われるかもしれない。**

もともと、素の自分を出したら、うまくいかなそうだから本当の自分を隠しているのに、どうして素を出さないといけないのか。

ですが、ここでもう一度思い出して下さい。あなたが本当に求めているのは、他人としっかりコミュニケーションをとって打ち解ける方法ですよね。そのために、**あなたが素になることは、とても絶大な効力を発揮するのです。**

実は、私もかつて素で人と接することができませんでした。人と接するとき、私は、相手の表情を読み、相手に合わせ、相手に不快に思わせないようにして、コミュニケーションをとっていました。だから、相手が友だちであっても、友だち付き合いの後はグッタリ……。ひとりの方が気が楽と思うことも多かったのです。

ところが、ある時から私が素を出すようになったら、本当に周りと楽な人間関係を作れるようになったのです。

「なんだ〜、気を遣わなくてもよかったのに。初めからそう接してよね」と女友だちからは優しく言われ、「素のほうが面白い」などと男友だちからは嬉しそうに言われ、周りに笑顔が増え、心の許せる友人がどんどん増えていったのです。

素というのは、100％のピュアな自分です。
素を出せるようになるには、難しいテクニックは必要ありません。必ず誰もできるようになります。

そして、あなたが素になりさえすれば、周りの人間関係は今よりずっと楽になるでしょう。そして、自分だけが楽になるのではありません。**それは、相手にとっても楽なので、あなたの周りは良い人間関係で満たされるようになるはずです。**

この効果はあっという間です。ぜひ楽しみにしてください。

★自分の素を想像してみよう。

# 1

## 素でいる人には一貫性がある

### ● 第1印象を良くしたいから…… ●

「そうは言っても、最初から自分の素を出すのは気が引ける」という方に、もうひとつお話しさせていただきます。

人は初対面で相手の人格を「判断」するとき、およそ数秒から30秒で見当をつけるといいます。もちろん見た目もそうですが、話し方や話題なども、人格の判断材料のひとつです。ずいぶん乱暴な話ですが、時間のない現代社会では仕方ないことなのかもしれません。

**「それなら、なおさら素を出さない方がいいじゃないか」**、と思われる方もいらっしゃると思いますが、いえいえ、**だからこそ素で接した方がいいのです。**

人間関係においては、第1印象ももちろん大切ですが、長く付き合いが続いていくと、相手の興味や関心はより深く、あなたの内面へと移ってきます。
いわゆる**第2印象**、**第3印象**といわれるものですが、これらが第1印象と大きく異なる場合、多くの人は相手に対して不安を覚えるのです。

**「あれ、この人は、前会ったときと印象がずいぶん違うな。どっちが、本当なんだろう」**
**「なぜ、前回はあんなに取り繕って接してきたんだろう？」**
などと感じるでしょう。
こうして私たちは、**相手に不信感を芽生えさせ、無意識に相手と距離を作ってしまうのです。**

**● 自分の周りに窮屈な人間関係を作る ●**

**反対に相手に不信感を持たれることが嫌で、ずっと素を出せないまま、自分の周りを窮屈な人間関係で張り巡らしてしまう人もいます。**相手に与えた第1印象を忠実に守ろうとするあまり、最初に決めた自分の枠から出ようとしないのです。

こうした人間関係は、現代で盛んなSNS上でのお付き合いでも見られます。
SNS上では、浅い付き合いの人も深い付き合いの人も同時に接しなければいけません。コメントひとつとっても、周囲の自分に対するイメージを守るために当たり障りのない言葉を選んだりする人もいるようです。**やがて、そうした本音を出さないコミュニケーションに疲れを感じて、SNS上のコミュニティから離れていってしまうことも……。**

仕事上の付き合いではなく、プライベートの楽しみとして始めたSNSもこういう状況になってしまっては、とても居心地の悪い空間ですよね。

人は自分のイメージを客観的になかなか判断できません。ここでいう自分のイメージとは、あくまで**他人にこう思って欲しいという願望のイメージ**のことです。しかし、それに縛られて、本来SNSを始めた最初のきっかけである「仕事上の付き合いではない、距離も職種も性別も越えたコミュニケーションをしたい」という希望が疎かになっては本末転倒です。

## ● 安心感が人間関係を作る ●

素で接するということは、最初は抵抗があるかもしれません。でも、思い切って素を出すと、長くお付き合いが続いた場合、そのメリットがあります。

あなたの印象は初めて会った時から、大きく変わらないので、相手は安心感を持ってあなたと接することができます。
**相手はあなたの人格に一貫性を感じるのです。**たとえ、好みが合わなかったり、面白い話ができなかったとしても、相手とあなたの関係性は気持ちよく発展していくはずです。

時と場合によってコロコロ変わったりしないあなたの人格はきっと周りから愛されるものになるでしょう。

## 2

## 会話テクニックを覚えてもコミュニケーションにならない

### ● 聴き上手が話し上手って本当？ ●

コミュニケーション能力を鍛えるというテーマの本の中には、テクニックばかりを取り上げて、まるで、それさえ覚えていれば対人関係は何も問題がないかのように書かれているものも多いですが、実際のコミュニケーションの現場は、もっと複雑です。**例文のようにはうまくいきません。**

たとえば、よく言われるのは**「話し上手とは聴き上手」**ということ。適切な質問をすれば、相手はどんどん話してくれて、信頼関係も築けると、会話のテクニック本などには書いてあります。

しかし、質問をすればいいんだと思って、多くの人が実践して、更に陥る失敗パターンは、**質問を考えることで頭が一杯になってしまうパターン。結局、相手の話に集中できずに、ちゃんと話を聴くことができない**なんていうことも……。
それによって、必要以上に焦ってしまったり、かみ合わない会話をしてしまうこともあります。

さらに初対面の場面では、まだ相手の警戒心があるのに、質問ばかりして、相手からはますます距離を置かれてしまったという経験をお持ちの方も少なくないですよね。

### ● 例文通りにいく会話は100％ない ●

**A「ご趣味はなんですか？」**
**B「趣味ですか？　……えーっと、読書です」**
**A「本読むのお好きなんですね。何かお勧めの本とかありますか？」**
**B「え！　お勧めですか？　……えーっと、えーっと……」**
**A「……あ！　じゃあ映画とかは見ますか？」**
**B「映画は観ません」**
**B「……」**

こんな気まずい会話は誰しも一度は経験あるのではないでしょうか。
コミュニケーションの本には、オウム返しをしましょうとか、あいづちはこうやりましょうとか、親切に例が書かれていたとしても、やったことがない人にとっては、とてもぎこちないものになるのは目に見えています。

テクニックというのは、とても大事ではあるのですが、それに囚われてしまうあまり、次の言動を考えることに必死になってしまい、結果、心ここにあらず。話の展開や広がりが生まれなくなってきます。

### ● あなたの素で広がっていく人間関係 ●

コミュニケーションの目的が相手との信頼関係づくりであるならば、テクニックに頼った会話では相手との関係性は築けません。

**まずは、自分の素を相手に見せること。**
そして、相手はそんなあなたを見て安心すれば、自然と会話は弾んできます。

素であることにテクニックは必要ありません。
口下手でも人見知りでも、ほんの少し素のコミュニケーションルールを知れば、誰でもできるようになります。
素であることに必要なのは、格好悪い自分でも認める、ちょっとした覚悟です。

冷静に考えれば、失敗しない人はいないのに**自分の失敗を隠そうとしたり**、好みの違いは誰でもあるはずなのに、**無理に相手に合わせてみたり**……。

でも、安心してください。この本を手にとったあなたは、今までの自分の間違いに気づくチャンスを、手にしています。
ぜひ、今日からそんな自分とはサヨナラしてみませんか？
あなたの魅力を最大限に発揮するために、素になって周りの人間関係をもう一度作っていきましょう。

C o n t e n t s

第１章

# 本当はみんな素になりたい

## 3

## 何も考えない会話を目指す

### ● 自分の役割が決まっていないと不安 ●

私たちはリラックスして会話をしているとき、ほぼ9割くらい何も考えないで会話をしています。話題も、今日の天気や、最近起きた出来事など、他愛のないものがほとんど。
というのも、**相手との関係性がすでにできあがっている場合は、話し方、敬語の有無などに注意を払う必要がない**から、気楽にコミュニケーションできているのかもしれません。

なので、初対面の人や自分との関係性がまだ決まっていない人の前に立つと、途端に**会話の話題を探したり、相手の反応を先読みしてあれこれ考えてしまう状態に陥ってしまいます。**

いっそ相手が上司や部下、あるいは親や兄姉、先輩後輩というように、自分が求められている役割がハッキリしているときの方が気が楽だと言う人もいます。そういう人たちにとっては、自分の立ち位置がはっきりしていない友だち同士や同僚という曖昧な関係性の中では、逆にコミュニケーションが取りづらいかもしれません。

中には、初対面のとき、わざと強気に出たり、あるいは必要以上にへりくだったりして、**一時的に上下の人間関係を作ろうとする人もいます。**
**関係性を作ってからでないと、コミュニケーションを取るのが不安という心理**がそうさせるのでしょう。

確かに気持ちはわかりますが、相手との関係性を気にしている限り、心の平安は訪れません。
また、相手の立場が上になったり、下になったり、状況が変わるたびに自分の態度を変えるというのは、相手にとっても失礼でしょうし、逆に骨の折れることです。

## ● 考えすぎるからうまくいかないことも ●

関係性を構築する場面以外でも、多くのコミュニケーションの問題は、実は考えすぎているから起こっています。

相手との信頼関係を構築していく中で、自分の思いを伝えていくことはどうしても必要になります。言いづらいこともあると思いますが、本音で接しないままでは、相手もあなたとの距離を測りかねてしまいます。

Mさんという方は、人付き合いが苦手で、私に相談にいらしたときも、そのことが話題になりました。

**「以前、近所の人から旅行のお土産で抹茶のクッキーをもらったんですよ。それで、私は抹茶があまり好きではないんで困ってしまったんです」**
**「そういうこともありますよね。でも、なぜ困ってしまったんですか？」**
**「厚意で買ってきたものだから断れないじゃないですか。それに、後で味の感想を求められたとき、困るじゃないですか。そして、下手に美味しかったなんて答えると、また抹茶味のお土産をくれるかもしれない。そういえばMさんは、抹茶味が好きだったよね、なんて……」**

### ● 上手なお土産の断り方 ●

この場合、Mさんは逆算で、コミュニケーションを組み立てようとしています。

- **お土産を受け取らないと、人間関係が悪くなりそうだから、困る。**
- **美味しかったと言わないと、人間関係がぎくしゃくしそう**

**だから、困る。**
**・美味しかったと言うと、将来、苦手なものをもらい続けることになりそうだから、困る。**

未来に対して常に不安を抱えている人は、最悪の場合を考えて、そうならないように行動する癖があります。
コミュニケーションにおいても、そのように考えて逆算をしがちです。

Aと言うと、Bになるから、Cと言っておこう、など。でも、そうすることでDという状況が生まれて、放っておくとEという事態になってしまう。そして、さらにその先は………？　もう誰にも予想できません。
コミュニケーションにおいては、逆算をしだすと切りがなくなってしまうのです。

未来への不安を断ち切るには、状況によって変わらない自分を中心にコミュニケーションを組み立てていくことが一番良い方法です。

この場合、「抹茶嫌いな自分」というのが、変わらない自分なので、これを伝えることを優先すべきです。

**「お土産ありがとね。実は私、抹茶味食べられないんだ。でも家族が抹茶クッキー大好きなの！　きっと喜ぶわ！ありがとう！」**

とっさに家族を引き合いに出しましたが、Ｍさんの場合、このように相手に配慮しながら上手に自分の気持ちを伝えることもできます。

## ● あなたは来た球を打ち返すだけでいい ●

素である状態というのは自分から見ても、他人から見ても、リラックスしている状態です。ニュートラルに近い感じで、やんわり立っている状態。もうちょっと具体的に説明すると、善悪のジャッジもなく物事を見つめている状態であり、何にも捉われていない状態です。

ああしなければいけないとか、こうでなければならないとか、余計な雑念から解放されて、自由な状態になっていることです。

想像してみて頂きたいのですが、あなたが、素になっているときというのは、どんな表情をしているのでしょうか？　どんな仕草をしていて、どんな姿勢でいるのでしょうか？　そのときの言葉遣いはどうなっているでしょうか？

おそらく、柔らかい表情をしていて、肩の力も抜けていて、言葉遣いもおだやかでしょう。でも、それでいて、土台はしっかりしており、軸があり、ふんわり安定感があると思います。そんな素の状態でいつまでもいられたらいいと思いませんか？

そして、もうひとつ、素でいるのにとても大事な要素があります。

それは、**いまこの瞬間に、集中していることです。**

この状態は「他人の目を気にする状態」から離れて、「自分の目でものを見ている状態」になっています。自分の目でものを見て、率直に感じたままを表現する。
**来た球を打つというくらい素直に心を開いた状態**というのは、気心の知れた人とするリラックスした会話では、あなたも無意識にやっているはずです。

Mさんを悩ませていた抹茶のクッキーのことも、「私は苦手」

と近所の人に率直に伝えれば、逆に心を開いてくれたと感じて信頼を寄せられるかもしれません。きっと、嘘の笑顔でお土産を受け取り続けるよりも、もっと気楽な関係が築けるでしょう。

素のコミュニケーションを心がけると、余計なことを考える必要はなくなり、来た球を誠実に打ち返すことで、良い関係性を作っていくことが可能になっていきます。

# 4

## 気を使う方が逆効果になってしまう

### ● 変わらない態度が生む信頼感 ●

よく**「素で勝負する」**という言葉を聞きますよね。素で勝負するということは、余計なことを考えずに、何の飾りもない自分でそのまま行こうという決意のあらわれです。

この言葉は、素でいった方が勝負事は案外うまくいくという体験談から語られることの多い言葉です。実際、大事な場面ほど緊張して普段の力が出ないという経験はあなたにもあるのではないでしょうか。

コミュニケーションにおいても、緊張して取りつくろったり、普段の自分が出せない場面はたくさんあります。
私たちは、**素を見せたら嫌われるんじゃないだろうか、相手が引いてしまうんではないだろうか、格好悪いと思われるんじゃないだろうか**、と無意識に相手に対して警戒して、なかなか素を出してコミュニケーションしません。

その場その場で、嫌われるのが恐くて、相手によってコロコ口態度を変えたり、その時々によって、言うことを変えたりする人もいます。

しかし、それは大きな誤解で、**素の人というのは、最終的に他人に信頼される人になります。**
それは、あなたの見せる素がどんな素であっても、です。

なぜ、そうなるのかというと、素の人は、人によって過度に態度を変えたり、へつらったりすることがありません。その行為というのは、無礼だと思う人もいるかもしれませんが、ある意味、**誠実**です。

## ● 性格は違っても、素の人に共通する特長 ●

素の状態であったとしても、人の性格は様々です。**何事にも厳しい父親のような人もいれば、優しく相手を包み込むような人、サバサバとして颯爽としている人、小さいことでも配慮できるマメな人**など、人によって性格はまったく違います。

しかし、次の点では共通しています。**「わかりやすい人」「信頼できる人」「誠実な人」**というイメージを素の人は相手に与えます。

例えば、子供というのは、誰に対しても平等に接します。えこひいきすることなく、つたないコミュニケーション力でも、相手と一生懸命向き合おうとします。その極めて自然な姿に下心を感じる人はいません。
**人は無意識に一貫性のある素の人に好感を覚えます。**
一貫性というのは、良い意味で変わらないということであり、「安定」をイメージさせるものです。
「わかりやすい人」→「信頼できる人」「知的な人」「誠実な人」をイメージさせます。
逆に人によってコロコロ態度を変える人は、**「よくわからない人」「信用できない人」「裏表のある人」**という印象を与えてしまい、そういう人は自分の評判も落としてしまいます。

### ● 気を使われない、使わない安心感 ●

昔、私が会社務めをしていた頃、同僚に、雰囲気が優しいホンワカした女性がいました。ですが彼女は、その雰囲気とは裏腹に、自分の気持ちをはっきり言う女性でした。

気が進まない飲み会の誘いは、「いいえ、私はいいです」と断り、何か用事でもあるの？　と聞いても、
「いや、あんまり気が乗らないので」と、表情も変えずにサ

ラッと言ってしまうような人でした。

残業も、先輩や上司に合わせることもなく、
「今日は用事があるので、これで失礼しま〜す」と
あっさり帰っていきました。

そんな彼女を見て、最初は、付き合いが悪いとか、敬意が足りないと言う人もいました。
でも、大方の人たちの彼女に対する印象は、悪くはなかったのです。なぜなら、彼女は仕事はきっちりしていたし、彼女には裏表がまったくなかったからです。

そして、彼女が「気が乗らない」と言うなら、その通りだろうし、「今日は用事があるから〜」というなら、それを疑うこともありません。
彼女の存在は、だんだんと職場に安心感を与えるものに変化していきました。

やがて、彼女は周りから信頼されるようになり、大切な仕事をいくつも任されるようになっていったのです。

特別に持ち上げられることはありませんでしたが、みんなか

ら「彼女はこういう人だから」と認識されて、**彼女自身にとっても、楽な人間関係を周りに作っていきました。**

いかがでしょうか？　こういう感じの素の人、あなたの周りにもいないですか？
彼らがどんな人間関係をつくっているか、どんな心持ちで生活を送っているか、ちょっと観察してみてください。

素、つまり自然体で人と接することができたとき、自分も相手もリラックスすることができます。ひとりの大人としての、相手への敬意や礼儀といったものは最低限必要ですが、必要以上に自分を良く見せようとか、完璧に振舞おうと考えないことが結果的にその人の評価を上げることに繋がることもあります。

人間関係で完璧さを求めるよりも、そちらの方がずっと楽だと思いませんか？

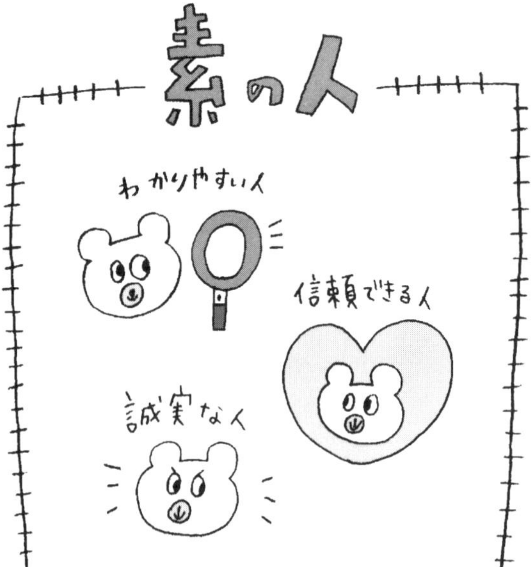


★ 素の人の印象は……

# 5

## 相手の言葉の先読みするのはNG

### ● 相手の話をちゃんと聞かない人 ●

ときどき、私たちは他人との会話を半分予測しながら進めていることがあります。
相手の答えを予想しながら、質問をしたり、答えを返したり……。
しかし、これをされると案外、話している側は不快に思うことが多いです。

たとえば、会話で次のようなシチュエーションを経験したことはありませんか？

**「今度、海外に旅行に行こうと思っていて……」**
**「そうなんですか？　ヨーロッパですか？」**
**「え？　どうしてそう思われたんですか？」**
**「いや〜私、ヨーロッパ好きなんですよ。テレビの旅行番組を見ると、いつもワクワクしちゃって」**
**「いいえ、アメリカです」**
**「……そうですか。じゃあニューヨークですか？　ニューヨ**

**ークもいいですよね〜……」**
どこか会話を急かされてる印象を受けますよね。会話をどんどん先回りしてしまって、無意識のうちに相手の印象を悪くしてしまう人がいます。

「せっかちだから」と言い訳される人もいるのですが、このような話し方をする人の共通点として、自分の考えを相手に押しつけたり、結論を急いで出そうとする傾向があったりするので、相手は警戒心を抱いてしまいます。できれば、そのような印象を相手に与えるのは避けたいところ。

同じシチュエーションであったとしても、
**「今度、海外旅行に行こうと思っていて……」**
**「へぇ〜、どこに行くんですか？」**
**「アメリカです」**
**「いいですねぇ。アメリカのどちらですか？」**

**会話というのは、別に気の効いた質問でなくても、不器用でも、「あなたのことを真摯に受け止めていますよ」ということが伝われば十分なのです。**

いくら器用に、言葉を巧みに操る人であっても、相手の数歩先を行って、**すぐに結論に導こうとしたり、誘導尋問のように会話の主導権を握ろうとする人**には、不快感を覚えるものです。

それよりも、自分が話す内容に寄り添ってくれて、じっくり聞いてくれる人のほうが、相手から見れば満足感も高いのではないでしょうか？

**★寄り添って聞いてくれる方がいい**

# 6

## 自分の失敗を他人にどう話しますか？

### ● 弱みを話せる強さを持つこと ●

素である人というのは、人に自分の弱みを見せられる強さを持っています。強さと書くと、まるで鍛えないといけないみたいですが、実際は自分を強く大きく見せるために着ていたヨロイを脱ぐことですから、一般的な強さとは少し意味が違うかもしれません。

アメリカの著名な心理学者であるアブラハム・マズローの言葉に「真の人間関係は、弱点をさらけ出しても怖さのない関係である」というものがあります。
まさしく、その通りですが、なかなかそのような関係を築くのは難しく思えるかもしれません。

しかし、逆に言えば、自分の弱味を相手に見せるのが素になるための重要ポイントのひとつともいえます。

私の友人のＹさんは独身の優秀なビジネスマン（35）なのですが、いつも会うたびに、最近自分が遭遇した失敗談をおもしろおかしく話して場を和ませてくれます。

「こないだ、20代の女の子に付き合ってくれって言ったら、思いっきり振られちゃってさ〜。なんで？　って聞いたら、顔がタイプじゃないんだって！　ひどくない？　でもさ、理由が加齢臭じゃなかっただけ、まだいいけどさ〜」

Ｙさんの失敗談には、ある特長があります。それは、**聞く相手の同情を引こうとしてないという点**。失敗談の自虐ネタでもあるのに、爽やかなのはそれが要因でしょう。

そして、その失敗談はＹさんの株を下げるようなものではありません。自分が振られた理由をあけっぴろげに話すＹさんに対して、それを原因にＹさんを嫌いになったり、下に見ることはありません。

## ● 好かれたいから、自分の素を見せない…… ●

先ほどもお伝えしましたが人が素を見せるのをためらってしまう理由には、様々なものがあります。

**・素の性格を見せたら相手が引くかもしれない**

・**コンプレックスがあるのでなかなか自己開示ができない**
・**素で失敗したら、いてもたってもいられない**
・**変な癖が出たら恥ずかしい**

これらの背後にある気持ちはなんでしょうか？

・**好かれたい**
・**嫌われたくない**
・**見くびられたくない**
・**変な人と思われたくない**

多くの人は、目の前にいる人によく見られたいと思っています。こういう気持ちが邪魔をして、素になることがとてもハードルが高く見えてしまうかもしれません。このような、何かにしがみついているような心理状態を“執着”といいます。

### ● 自尊心とプライド ●

執着している状態は、良い評価を失うことが恐い状態で、それを守ろうとするあまり、逆に人間関係にマイナスな影響を与えることもあります。
執着している人から見れば、Ｙさんのような人は驚きの対象でしょう。

**「なぜ、そんなに無防備な素でいられるの？」**

それは、大きな意味での自尊心を持っているからです。
自尊心とは、自分を尊ぶ心と書きます。プライドが高いという意味ではなく、自分の価値観や心をとても大事にしているのです。他人からバカだな、と思われたとしても自分が良いと思ったことを無心にやりきる力が素の人にはあります。

また、先ほどのＹさんは、優秀なビジネスマンであるがゆえに、必要以上に自分を大きく見せることは、逆に自分の首を絞めることにつながることも本能的に自覚しています。自分がどんなに繕っても、人というのは隙だらけで完璧ではないことをわきまえているゆえに、自分をよく見せようとはしないのでしょう。

執着をしている人はプライドが高く、自分の評価が下がることを恐れるあまり、素の自分を表現することはあまりしません。**プライドが高い人は人間関係を減点法でとらえられがちですが、理想的な人間関係は加点法なの**です。
この点で、良い意味で**ギャップ**を見せるのはとても効果的です。

Yさんは、普段、無防備な失敗をしているのを周りに見せているがゆえに、実際の仕事の場面で、彼の優秀さに触れると良い意味で驚かれるのです。

**「思っていたよりも、やるね」と。**

こうして優秀さはよりインパクトのある形で、周りに知れ渡ります。失敗をしても、普段している失敗談のおかげで「しょうがないな」と一言ですみます。
こうして書くとしたたかな人物のようですが、本人はそれを「素」でやっているので、また憎めないのです。
あなたは周りに好かれたいのに、実は真逆なことをやっていませんか？

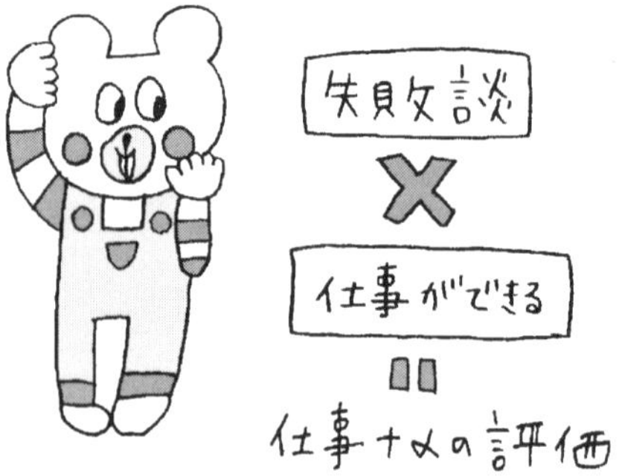

## 7

# 警戒しながら人と接してしまう

### ● いつのまにか他人と距離を作る ●

素でコミュニケーションをするというのは、誰でもすぐできる、安心でつながるコミュニケーション術です。

相手を信頼し、素を見せることで、相手にも安心感が生まれ、お互いが素を出しながら、コミュニケーションをする。そこにテクニックは必要なく、ただゆるやかに会話が流れる居心地のいい空間が生まれています。

**素でコミュニケーションがとれる人は、そういう空気を生み出すのが上手い人であって、決してしゃべりが上手い必要はありません。**

たとえば、
「あれ、○○さん、その格好素敵ですね」って褒められたとき、
「いえ、そんなことないですよ。安物ですから」
と答えるのと
素直に「ありがとう」と答えるのでは、その場で生まれる空

気も変わってきます。

こういうときに、相手の言うことを素直に受け止められず、「あ〜、あのとき余計なこと言っちゃったかな〜」とか、「素直にハイって言えばよかったな」など、あとで頭の中が後悔でぐるぐるしてしまう人もいるでしょう。

つい**他人と距離を作ってしまう心理状態というのは、相手にもなんとなく伝わりますから、相手も居心地が悪かったり、本当に距離を作ってしまうこともありますよね。**

### ● 自分にも他人にもユルく接する ●

たとえ無口であっても、素の状態でリラックスした空気を作ることができる人もいます。

**「人前で素になれるのなんて、一部の人だけ。私はずっと人見知りで、気の合う仲間とだけ、仲が良ければいいの」**という方は、仲の良いコミュニティ以外で過ごす時間は、あなたにとって苦痛なものとなることでしょう。

窮屈な人間関係の数を少しでも減らしていければ、あなたの人生の時間はもっと充実できるはずです。

そのためには、勇気を出して、いろんな場面で自分の素を出してみること。
意外にも周囲はそんなあなたに対して、**「いいね〜、素で」**と喜んでくれるかもしれません。

### ● 自分の軸を「好かれたい」から変える ●

どんな風に素を出していったらいいか、わからないという人は、まず、次のことを心がけてみてください。

**「シンプルな軸を持つ」**

これは難しいことではなくて、本当にシンプルなことでいいのです。**(周りの人の笑顔を大切にしたい)**、**(色んな経験をして人間として成長したい)**、もっとシンプルだと、**(誠実な人でありたい)**、自分の人生において、本当に大切にしたい望みを心がけることで、あなたは素に一歩近づきます。

それはなぜかというと、素になれない人は、「好かれたい」「嫌われたくない」「見くびられたくない」という他者評価を軸にして、行動を起こす傾向があります。
「あの人に良く思われたいから、これをしてみよう」
「みんなに嫌われるかもしれないから、これをするのはやめよう」
「これをすると評価を下げるかもしれないから、やめておこう」

**他者評価を人生の軸にすえるかぎり、あなたの人生はあなたの自由にはなりません。**

自立した望みを自分の人生の中心に置いて、歩んでいこう、そう決めたときに、**他人によく思われようという心は自然と薄らいでいきます。**

他人に委ねていた自分の人生の評価を自分の手に取り戻すことができれば、あなたの人生はよりシンプルになります。

## ● ユルくていい！素コミュニケーション ●

そして、もう少し言えば、こういう自分の軸となるものがあるのに、その通り自分が振る舞えなかった、言動が伴っていなかったと思えるときがあっても、自分を許すのです。

**「そういうときもあるよね。また次がある」**と。

他人に対しても同じです。自分のいたらなさをわきまえているゆえに持てる、寛容さが生まれるのです。素でコミュニケーションをしているのだから、自分も相手も欠点があって当たり前だということに気づくことができます。

**とってもユルいと思いませんか？　自分にも、他人にも。**

極端な話、会話のテクニックなんていうのもいりません。テクニックというのは、わかりやすく伝えるための技術であって、誰もテクニックを使って会話して欲しいと望んでいる人はいません。

コミュニケーションで多くの人が望んでいるのは、自分と相手、お互いの理解を深めることです。

**あなたが素で接することができれば、その相手の欲求は自然と満たされます。**相手はあなたのことを知り、相手も自分の深いところにある素の部分を出して接してくれます。

あなたが、良いところも悪いところも含めて、自分というものを心から理解して、素になったときには、あなたの周りにはリラックスした空気が生まれ始めます。

**話し下手でも、無口でも、自然なあなたが一番なのです。**

第2章

# どうしたら素になれる?素になるためのステップ

# 8

## 悩みの9割は人間関係が原因

### ● 嫌なことを思い返すだけで……… ●

あなたの身の回りの人でこんな人はいないでしょうか？　特別会話力が優れているわけでもないけど、裏表がなく、それでいて一緒にいると癒される人。

そして、時には「え？　そんなこと聞いてくる？」とか「そこまで言っちゃう？」みたいなキワドイことを聞いてはくるものの、嫌われるわけでもなく、**常に自分のペースを保ち、他人に対するスタンスがいつも同じ人。空気が読めない人なわけでもなく、バランス感覚がいい人。**

それが、素の人の特長です。その人といると、相手も心地良い感覚になります。

素の人の特長を書くと、「いるいる、そういう人！」ということに気づくでしょう。彼らは人間関係にほとんど疲れを感じません。

もちろん悩みがないわけではありませんが、人間関係で嫌われるかもしれない恐怖や他人に言われたことをうじうじと思い返すということをしないですむように気持ちを割り切っています。

あなたはこのように感じた経験はありますか？
「こういうこと言いたいけど、私、嫌われるかな」
「あのとき、こう言われたのって、ひょっとして私、バカにされた？　ムカつく！」
多くの人は、まだ見ぬ未来に不安をもち、自分の妄想を広げて、苛立ったり……。

**気持ちを未来への不安や過去への後悔から切り離すだけで、多くの人の悩みは解決します。**
私たちもそうなることができれば、なんと楽しい人生でしょう。

## ● 誰でも素になっている瞬間がある ●

さて、これから、あなたが素になるための方法をお伝えしていきます。
でも突然、「さぁ、あなたも今から素になってください！」

と言われても、いきなり誰かの前で素になることは難しいことでしょう。ひとりの時には、誰でも素になる瞬間はありますが、相手がいる場合、出せる相手と出せない相手がいます。

ですから、だんだんとステップを踏んで、自分の素を出せるようになっていきましょう。

そもそも、“自分の素”というものが何なのかわからない、という人のために、まずは素の感覚を自分の身体に聞いてみませんか？

**素になるために、最初にしなければならないことは、“自分の素の感覚を知る”ということ**です。

ちょっと自分の胸に手をあてて、あなたがまったく気を遣わずに話せる相手を思い浮かべてください。
思い浮かばない場合は、こう考えてみてください。

多少、言葉遣いが悪くても、ジョークがきつくても、あなたが心を許して話しかけられる相手……。

あなたが遠慮なく気持ちをぶつけられる相手といるとき、あなたは素の状態にかぎりなく近いはずです。

いかがですか？　肩に力も入っていないし、あれこれ考える必要もないから、気持ちも落ち着いていると思います。

**この感覚が、自分の“素”の原点になることを覚えておいてください。**

また、あなたがその相手とリラックスして過ごしているとき、あなたはゆったりとお腹で呼吸しているはずです。相手は必ずしも好きな人でもなく、時にはなんとも思ってない相手の場合もあります。

## ● 私の素の感覚 ●

素の感覚というのは身体によくあらわれます。
たとえば、人前に立つ前に、深呼吸を2、3回することによって、気持ちを落ち着かせる方法はあなたもご存知ですよね。緊張すると呼吸が浅くなるので、身体の側から精神を落ち着かせるというのも効果的なのです。

まずは、身体で“自分の素の感覚”を知る、ということに焦

点を絞って、体感してみてください。そこをベースにして、
その感覚をいつでも思い出せるように覚えておいてください。

★ 素の感覚を身体で覚える

# 9

## 無意識に自分を押さえつけている心理

### ● 本当は発揮できる自分の特長 ●

それでは、あなたの中にある“素”を探っていきましょう。
あなたの周りを見渡して、「この人みたいに他人と関われたら素敵だろうな」と思う憧れの人を思い浮かべてみてください。

その人の特長はなんでしょうか？
例えば、
**「大らかなこと」**
**「爽やかなこと」**
**「人に優しいこと」**
**「誠実なこと」など……etc。**

どんどん書き出してみましょう。憧れの人がひとりではない場合は、複数の人の特長を挙げてみましょう。複数いる場合の方が、共通する特長が浮かび上がってくると思います。

話は逸れますが、私が書き出しを勧める理由を言いますと、紙に書くという行為は、第三者目線で客観的に自分を見つめることができる方法です。話す言葉には感情が乗りますが、書く言葉には感情が乗りません。
つまり、**理性の目で、冷静に書いたものを眺めることができる**ので、考えを整理するときは、私はなるべく紙に書くようにしています。

そうすると、自分で思ってもみなかったような言葉が出てきたり、新たな発見があります。ですから、ここは面倒だと思いますが、ぜひ紙に書いてみてください。では、話を戻しましょう。

そこに挙げられた特長を見て何を感じますか？

あなたが挙げた憧れの人の特長は、実は**あなたの中にも存在している部分**です。
こんなことを言うと、信じられない気持ちがわき上がるかもしれません。しかし、人は、自分の中に欠片もないものに反応しないものです。

あなたは、その人の特長に共感しているから、その特長を十二分に発揮するその人に憧れの気持ちを抱いているのです。

それでは、あなたの中には同じ特長があるはずなのに、なぜそれを発揮できないのでしょうか？

それは、あなたが、自分の特長に気づいていない、または、ちゃんと認めることができていないからです。
つまり、自分にはその特長がないと思いこんでいるのです。

## ● あの人の前では素を出せない！ ●

人間は集団の中で生活しているので、とても関係性を大事にする生き物です。あの人の前では大人しくしなくてはいけない、あの人の前ではものわかりのいい人でなければならない、など心理的ブレーキをかけながら他人と関係を築いています。

**例えば、親の前では、一切自分を出せない、という人もいます。**

本当は、子供の頃から、ユーモアたっぷりで、人のものまねが上手で、みんなを笑わせることが好きなのに、言葉遣いが汚いと親に怒られて育ってきた。
本当はもっとぶっちゃけたいのに、注意されてきた言葉が脳裏に焼き付いて、素になれない。

あるいは、ああしなさい、こうしなさい、と親に言われ続けて育ってきて、線路のレールの上を走るかのような子ども時代を送ってきた。それゆえに、今でも親の言うことに反対できず、自分の意見も自由に言えず、好きな人生を歩むことができずにいる。
こういう人は、実は多くいます。

あなたが自分の素を出せれば、憧れの人と同じように振る舞えるかもしれません。
そのためには、まずは、**あなた自身が持っている特長（素の部分）を認識することが大切なのです。**

そのために、本来の自分を投影している憧れの人の特長を数え上げてみることが一番役立ちます。

認識をして、自分の特長を自覚したら、その特長をどんどん伸ばしていきましょう。特長を伸ばすような活動ができれば、自分に自信も生まれて、素を出しやすくなりますよね。

実際に書いてみると、挙げた特長を伸ばすのは、意外と無理じゃないかもということにお気づきになることでしょう。
そこに気づいたら大丈夫、次のステップにいきましょう。

★ あなたは憧れの人と同じ特長を持ってる

# 10

## 素の自分を好きになれない

### ● 小さなガッカリがたまっていくと…… ●

さて、ここまで、素になるために、「自分の中にある素の感覚を知る」「自分の中にある素の要素を知る」ところまでを考えました。次は、その素をだんだん外に出せるように、自分の心を整えていきましょう。

素を外に出すためには、先ほど書き出したその特長を、ちゃんと自分で認めることです。そして、**「素を出しても大丈夫だ」と自分を信じることです。**

ここを飛ばしては、次に行くことはできません。
大切なのは、**自己承認する**、ということです。

自分の素を出せずに、コミュニケーションの悩みを抱えている人は、自己承認できていない、自尊心がない、という方がとても多いです。

つまり、自分のことが好きではないので、**他の人もこんな私**

**を好きなはずがない**、という思い込みが邪魔しているのです。

一番大切な点は、自分の中の良い部分が見つかったら、自分でそれを認めてあげて大切にすること。
大切にしていると、あなたのその特長はどんどん大きくなっていくのです。

自分で自分を認めるのは、プラスの言葉を自分にかけるだけでも大丈夫です。

**「これでよし」**
**「大丈夫」**
**「できる」**
**「きっとうまくいく」**

プラスの言葉を自分に意識的にかけてあげる癖づけをすることによって、徐々に自分のメンタルの癖を変える。自分の口癖をプラスの言葉にすると、普段のメンタル状態や行動力もあがってきます。
ネガティブに考えることの多かった人も、毎日、プラスの言葉を自分にかければ、自分に自信が持てるようになります。

## ● 自尊心があなたの素を作る ●

私たちは、自分の価値基準、倫理観の中で、常に選択を繰り返して生きています。その選択のたびに、正しいとか間違いとか、自分なりの判断をしています。

その際に、「これでいい」という判断、つまり自分を承認する判断を繰り返していれば、その小さなプラスが、小さな成功体験となります。

そしてそれを繰り返すことで、やがて自尊心にまで影響してくるのです。逆に、「ダメだ、ダメだ」と思っていれば、積もり積もって自尊心をなくしてしまうのです。

**自分を大切にする行為は、やがて本当の意味での自尊心へと成長していきます。**
他の人の顔色をうかがって行動するのではなく、自分のしたいこと、やりたいことを遠慮なくできる自分を持てるようになります。

それが、あなたの"素"であることに気付けば、もう大丈夫！

自尊心が自信を生み、素を出すことへの抵抗感が気づくと消え失せているはずです。あなたはこれからのびのびと自由にコミュニケーションをはかれるようになります。

★ プラスの言葉で自尊心が育ってくる

第3章

# これで悩みも解消！素で相手の心を開く

# 11

## 自分を本当にアピールしないといけない？

### ● 可愛さアピールをしないゆるキャラ

ゆるキャラの人気がとても高いですね。色々な地方自治体が、ゆるキャラを作っていますが、皆に愛されるゆるキャラの特長はなんだと思いますか？
ゆるキャラの特長はずばり！そんなに可愛くないことです（笑）。正確に言うと、極端に可愛さをアピールしないこと。意外ではありませんか？

**私たちは職場や家庭で、自分をアピールするように義務づけられているように感じるときがあります。**

「ここで何かをアピールしないと無視をされるのでは？」
「もっと、アピールしないと伝わらないのでは？」
そんな不安に襲われて、他人に対して強烈にアプローチする人も多い。むしろ、そうすることで相手に警戒心を抱かせることもあるのに。

ゆるキャラの可愛さとは、その無防備なまでの真っ直ぐさにあります。可愛さとはほど遠い外見なのに愛されるキャラが多いのは、彼らが自分の長所ばかりをアピールせずに、欠点を含めて自分のありのままをさらけ出しているからです。

私たちは、素である状態のものを前にすると、自分も力が抜けるような感じがして、無意識にそういうものに癒しを感じたり、それを求めたりします。

それと同じように、素の人というのは、好感をもたれることが多いです。というのは、**その人からはくつろいだ、話しかけやすい雰囲気が醸し出されているからです。**

欠点のない人というのは、どうしても相手は緊張感を感じてしまいます。なんか間違ったことを言ったら見透かされてしまうかもしれないとか、レベルの低い人だと思われたらどうしよう、などと、いろいろ考えてしまうかもしれません。
でも、素の人といると、そういう余計な心配をしなくていいのでとにかく相手は楽なのです。

## ● 人間関係は評価のしあい？ ●

私たちは普段、他人を見かけや言動で評定します。

だから評価が定まるまでは、お互いを評定している期間があります。評定している期間はお互いがどこかよそよそしかったり、反応を確かめ確かめ会話することもあります。

でも、このような状態は、とても居心地が悪いですよね。

素の人が好感を持たれやすいのは、自分を最初からオープンにして、弱味をさらけ出しているということもありますが、もっと言えば、**他人を評定しないで、そのままを受け止める度量を感じるからです。**

素の人は自分の中にシンプルな軸を持っているということを先にお話しました。**自尊心は他人を尊ぶ心にもつながっています。自分の軸を大切にしているからこそ、他人の価値観も大切にしようと思えるのです。**

だから、素の人は相手の見かけや言動で人を判断しません。

普段、私たちが気にしている「なんか間違ったことを言ったら見透かされてしまうかもしれない」とか、「レベルの低い人だと思われたらどうしよう」、という不安とは、素の人と付き合ってるかぎり無縁です。

自分のそのままを受け止めてくれる人と話すと、人は余計なアピールや建前を言う必要がなくなり、とにかく楽な気持ちになるのです。

★ 他人に品定めされるのは、緊張する

# 12

## 心の武装解除をしていく

### ● 親近感の正体は？ ●

多くの人は自分の失敗したことを隠したがります。それは、生まれてからずっと、失敗や間違いをすると誰かに叱られていたことから始まっています。

子どものときは、食べるときにこぼしたら叱られて、服を汚して帰れば、また叱られる。テストで悪い点を取れば叱られるので、それを隠すようになる子供さえいます。

つまり、何か自分にとってバツの悪いことや恥ずかしい出来事を隠しながら生きてきています。大人になるとその傾向はもっともっと強くなっています。

なぜなら、大人は何でもスマートにできて当たり前、できることがかっこいいと思い込んでいる。または失敗はマイナスである、と信じ込んでいるからです。

ゆえに、多くの人は、何かと自分の失敗を隠す傾向にあります。そして、自分の失敗を隠し、成功体験ばかりを話す人には、自分の奥底にある自信の無さをみられたくない、という心理があるのかもしれません。

実を言うと、人はあまり他人の成功体験に興味はありません。
「へー、そうなのね。すごいねー。ハイハイ」くらいなもの。

しかし、第１章でも触れたように、逆に、**自分の失敗談を話す、ということは相手の警戒心を解き、お互いが素になるのに、とてもいい効果があります。**

## ● 失敗談は相手を選ばない話題 ●

あなたもこんなこと経験ありませんか？
失敗などしそうもないような立派に見える人が、恥ずかしい経験や、ありえないような失敗談を話しているのを聞くと、より身近な感覚を覚えたりすること。

「ええ〜？　こんなにすごい人でも私と同じような失敗したりするの？」

失敗談を話すのは、お互いが固いヨロイを脱いで、素っ裸で話をするようなものです。裸の付き合いという言葉がある通り、何もつけていない状態というのは、お互いリラックスして話すことができるので、親近感がとても湧きます。

だから、どうぞ周囲にご自分の失敗談を話してみてください。一回、失敗談を話すことで、その相手とのコミュニケーションが**いかに楽になるか体験することができる**ことでしょう。

**失敗したことなどは大なり小なり、誰にでもあるはず。その失敗談は、あるがままの素の自分をみせる一番いい方法なのです。**

例えば、小さな失敗談だったら、結構たくさんあるでしょう？

朝、急いでいたら小さな縁石につまずいて転んだ。その拍子に鼻をぶつけて鼻血で服を汚してしまった、とか。
寝ぼけて歯磨き粉だと思って歯ブラシに付けて口に入れたら、洗顔フォームだった、とか。
公衆トイレで、手を洗おうと思って蛇口をひねったら思いのほか水が勢いよく出て、ズボンのチャックのあたりがびしょびしょになってしまって、鞄で前を隠しながら会社まで行った、とか……。
まあ、探せば、こういう小さな失敗は数多くあることでしょう。笑いながら失敗談を話してみてください。

すると「あるある！　実は、私もね…」と相手の失敗談を引き出せることもありますし、そうした話が共通の架け橋となり、一気に相手との距離が近づくこともあります。

また、小さな失敗談を話すことに慣れていくうちに、自分の中でこれまで話せなかったようなコンプレックスや、本当につらかった経験なども少しずつ話せるようになっていきます。

こうした経験を人に伝えることこそが、素のコミュニケーションに繋がっていくのです。

★ 大人でも失敗はあるよね

# 13

## 素は相手を信頼しているサイン

### ● 口に出さなくても伝わるあなたの気持ち ●

素になる、という意味は、自分自身の弱みも強みもすべてさらけだすことだとお伝えしてきました。言うなれば、その人の前で裸になるようなことです。
それを、恐怖と捉えてしまうと、他人との距離はなかなか縮まりませんよね。

**人間関係とは微妙なもので、こちらが一歩遠ざかれば、相手もまた同じように遠ざかる習性があります。**その逆もしかり。
でも、自分からは近づかないのに、相手から近づいてきてくれたらいいのにと思ったり。

こんなことを想像してみてください。

会社のリーダー格でいつも元気なＭさんが休憩中に
「実は、○○商事とトラブッてね。社長にこっぴどく叱られてて、ヘコんでるのよ……」
とあなただけに心の内を打ち明けてきたら、あなたはどう感じるでしょうか？

言いづらい本音を私に打ち明けてくれたのは、ちょっと嬉しいかも、と思うかもしれません。

この嬉しさは、**自分が信頼されている**ことを実感したから、わきおこった感情です。

自分の失敗談や弱みを見せることは、ひとつのきっかけにすぎませんが、相手はそれを見せられたことで感情は一歩あなたに近づくでしょう。

## ● 信頼されると緊張が解ける ●

こういうことは、どちらが先に信頼のサインである素を見せるのかを気にする人もいますが、期待しても仕方ありません。
**ここは、あなたから素になりましょう。それにより、相手もきっかけをもらうことになるのです。**

苦手な人を前にしたとき、あなたの心臓の動悸はやや速まり、呼吸は浅くなります。
「あっ苦手だな……」と思う気持ち。

でも、実はそれは相手も同じなのです。立場や年齢の違いで、自分ばかりが感じていると思っていた肩身の狭さは、あなたの緊張を見ることで相手にも伝染しています。

つまり、**あなたが相手を信頼していれば、相手もそれを無意識にキャッチすることになり、逆にあなたが緊張していたり、信頼していなければ、相手もまた、あなたを信頼しないでしょうし、素で接することなく、どこか壁がある状態でのお付き合いになることでしょう。**

そういう気持ちは、顔の表情筋のこわばり、瞳や目の動き、口元、そして仕草や体全体で表れてしまうのです。

しかし、相手を信頼しているときの表情は、私たちが思っている以上に、柔らかで優しい目をしていて、口元も自然に口角が上がっています。そして、精神的にもオープンになっているので、胸襟を開いた姿勢になり、体全体も相手を向いていることがほとんどです。

### ● 初対面の相手でも打ち解けられる ●

数年前の話になりますが、初めての習い事で知り合った女性に、その日の帰りにお茶に誘われたことがありました。初対面でしたが、意気投合して話が盛り上がりました。

彼女の、人を見るときの温かい目線、優しい口調、人の話を聞く姿勢など、すべてが真摯に人と向き合う姿勢に溢れていました。そして自然の流れで、私は過去の離婚の話やそのあとの流産の話などを、いつの間にか初対面のその女性にしていました。

その女性もまた、ご自身の離婚の話、そしてご自身の抱えている病気の話、嫁姑の問題……などを話して下さり、まるで何年も付き合っている親友同士のように、数時間話し続けていたのです。

この時には、「これを話したらどう思われるだろうか？」とか、「何て答えたらいいんだろう？」などの心配はなく、お互いただ、素の状態でどんどん信頼関係が厚くなったのを覚えています。
これは、私と彼女のフィーリングがとても合っていたからというのも確かにあります。ですが、お互いの態度、つまり、相手を受け入れようとする真摯な態度が、お互いのハートを開くことに繋がりました。

相手に受け止めてもらえたと自覚できたときに、人間関係は次のステップに進むことができるのです。自分から相手を信頼する、というプロセスは素になるためにとても大事なプロセスとなるのです。

★ 信頼されると素がどんどん出てくる

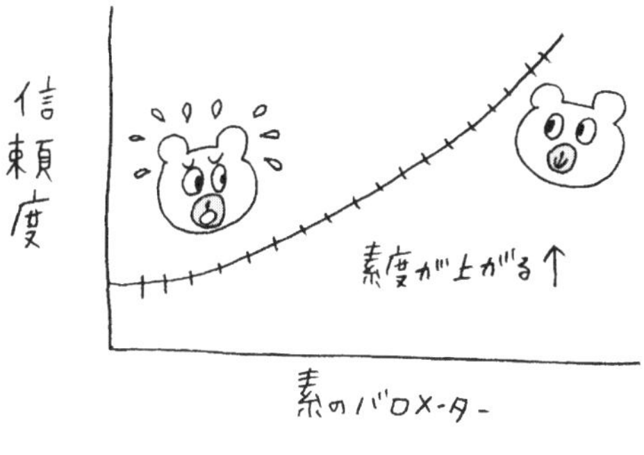

# 14

## いきなり相手に近づいても大丈夫？

### ● 相手との距離感の簡単な測り方 ●

人との関係を作っていく中で、気になるのがその相手との距離感です。急に親しげに振る舞ったり、いつまでも疎遠な感じだったり。最初から素で接していたとしても、やはり、礼儀礼節を重んじる人は、その距離感について、つかみかねてしまう人もいるでしょう。

では、素になったら相手との距離感はどう測ればいいのか、という点についてもお話ししましょう。

**結論から言うと、相手に任せてみましょう。**

一般的には、近すぎるとなれなれしいと感じ、遠すぎるとよそよそしいと感じます。この中間を目指すわけなのですが、コミュニケーションにおける距離感というのは、あなたもご存じの通り、人によって違います。

それは、パーソナルスペースと呼ばれる、心地よいと感じる距離、領域が人によって違うからです。この微妙な違いを、神経を研ぎ澄ませて探っていく人もいれば、全く違いを感じとらずにズケズケと入ってくる人もいます。

素の人の場合は、どちらにも属しません。自分は常にオープンなので、あとは相手に任せるという姿勢です。

## ● 相手にどう思われるんだろう？ ●

距離感を測る上で多くの人が悩むのは、相手にどう思われるか、という点です。

**なれなれしいと思われるだろうか？**
**逆によそよそしいと思われるだろうか？**
**失礼になっていないだろうか？**

など、いろんなことを考えてしまいがちです。
そして、相手によっては、打ち解けるのに時間がかかる人もいます。失敗談や弱みを見せても、距離が縮まらない人もいるでしょう。
そういう人と無理に打ち解けようとするのも、骨が折れることですし、下手に慣れ慣れしくすると逆効果になる場合があります。
ここは、発想を転換して、**神経質になってあれこれ考えず相手のペースにゆるやかに任せてあげるのです。**
あなたの軸がはっきりとしていたならば、相手もあなたとの距離感は測りやすいはずです。

そして、そのほうが、相手からすれば、あなたといると心地いいと感じるはずです。なぜなら、**相手のパーソナルスペースにズケズケ入っていくことをしない**のですから。

例えば、車に乗っているときに、相手が始めからずっと黙っている場合、沈黙が苦手な人は、色々話題を振ろうと考えてしまうかもしれません。家族のこと、テレビの番組、ニュース、時事ネタ、職場のこと、いろいろと頭の中で面白いネタはないかと探すかもしれません。

そんなとき、素の人はどうかというと、**相手が沈黙しているなら、無理に話さずに、そのまま沈黙しているかもしれません。**気負わないのです。なぜなら相手にペースを任せているからです。

素の人というのは、相手のペースに同調していくので、不協和音を生じさせることがありません。
しかも、気を遣ってそうしているのではなく、ただ感じたままにそうしているに過ぎません。
相手が黙っているという事実だけを捉え、そのまま相手のペースに合わせているだけです。

素の人は、相手に対して、**嫌なら話さなくてもいいですよ、別になんの詮索もしないですよ**、という気楽な気構えなわけです。
相手がどう出てきたとしても、それをそのまま受け止めてあげる。余計な意味づけはしない、ということです。

### ● 相手との距離を無理に縮めようとしない ●

なかなか心を開かないように見える人というのは、野生動物のようなものです。なかなか人になついてくれません。
独特の間合いで他人と接する相手の場合は、相手が安全だと感じて近寄ってくれるまで、ひたすら待つのです。

これは、何もしないというのではなく、余計なアプローチはしないということです。そして、相手が少し近づいてきてくれたときに、**普段通り、変わらない姿を見せてあげればいい**

のです。

★ 心のキョリは人それぞれ

15

## 本当に素の自分でもいいの？

### ● 勘違いしない「奔放」と「素」のちがい ●

素を見せるというのは、社会の常識を無視して、なんでもやりたい放題やるとか、空気を読まずに、言動を制御しないということではありません。それは感情のコントロールができていないただの奔放であり、多くの社会生活に支障をきたすことでしょう。

「本当の私を受け入れて欲しい」
「お世辞やおべっかを言うなんて、嘘つきと一緒だわ。だから、私は本音で生きるの！」

このようにむき出しの自分を素であると誤解している人もいるのではないでしょうか？
上記のような、むき出しの自分と素の違いは、**むき出しの自分には、怒りや焦燥、過度なアピール、同情を引こうとする寂しさなどが本質にあります。**

素のコアの部分には、そのような感情のブレはありません。

あなたはあなたでいることを自分で認めさえすれば、感情のブレによって、周りをかき回したり、自分自身をコントロールできなくなったりするようなことはありません。

**認められていないと感じるから、人間は周囲に対して攻撃的になったり、必死にアピールするのです。**

でも、あなたの素は、あなたがあなたであることを認めさえすれば、他人の評価に一喜一憂せずに、心穏やかに過ごすことができます。

この本が目指すのは、そんなあなたが発するリラックスした波動が伝染し、**安心感で満ちたコミュニケーションの輪が広がる状態**です。

あなたに目指して欲しいのは、「あるがまま」の状態です。自分の「あるがまま」をさらけ出して、相手の「あるがまま」を受け入れる。

それは、自分と相手の人格を尊重することで生まれる真の素のコミュニケーションといえるものでしょう。

★ 本当の私……？

# 16

## 素とあるがまま

### ● あるがままを受け入れる ●

「あるがまま」という言葉、これは、「気まま」や「わがまま」とは違います。
あるがままとは、物事の事象をそのまま受け止めること、またはその事象そのもののことをいいます。そこには、自分の価値観や欲望、願いなどは入っていません。

難しい表現になりますが、自分の中にある良い面も悪い面も、世の中で起こる良いことも悪いことも、全て自分の心の**「投影」**であり、それは全てもともと自分の中にあるものが映し出された世界であると。ここを認めて、受け入れた上で、心穏やかに歩んでいくことが**「あるがまま」**の状態です。

「投影」とは、自分の中に悲しみという感情があるから、世の中の悲しい出来事に反応し、怒りという感情があるから、不平等なことに憤慨したりするという意味です。そして、幸せや平和な気持ちがあるから、世の中が素晴らしいものに見えたりもするのです。

すべての人は自分の中にあるフィルターを通して世の中を見ているわけで、この世の中も出会う人々も、すべて自分の合わせ鏡のようなものと言えるのです。
ここで、よく私たちは、目の前で起きる物事をプラスに解釈するか、マイナスに解釈するか悩むわけですが、もうひとつ、**ジャッジしないという選択もできます。**

ジャッジしないということは、目の前にある事象に対して、善悪の区別をつけないということです。そうすると、善いも悪いもないわけですから、自分自身は心穏やかでいられるのです。これが「あるがまま」の状態です。

これは、他人に対しても、善悪をジャッジしないわけですから、自分はいつも気楽な気持ちで接することができます。すると、相手もとても楽なわけです。

一方、「気まま」や「わがまま」というのは、自分の価値観、欲望、願いのままに行動することをいいます。
これは、人間のきりのない欲望のままに生きるわけですから、いつまでたっても満足することはありませんし、時に思い通りに行かずに苦しい思いもします。

「あるがまま」とは違って、善悪のジャッジをしたまま突っ走るわけですから、意見の合わない人とは衝突しますし、お互い疲れるのです。

本書が目指すのは、「あるがまま」の状態です。
ただ、「気まま」や「わがまま」が悪いのではなく、そういうことを経験して、最終的に「あるがまま」に到達するまで成長できさえすればいいのです。

例えば、相手が自分に何か文句を言ってきたときのことを考えてみましょう。

この場合、**素じゃない人は、自分の正しさを示そうとして、必死になって反論するかもしれません**。あるいは、完全に自分が悪くても、感情的になって、逆ギレするかもしれません。

それが、素の人の場合はこういう感じになります。
もし、その文句の内容に根拠があって、それが正当なものだと思えるなら、謝って直せばいいでしょう。
でも、根拠が乏しかったり、ただの思い込みや感情論の場合、相手が感情を害したことには配慮を示しても、それ以上は何もしません。

それか、同意できないことをそのまま伝えるでしょう。

そこで、**あれこれ気を遣って自分が折れることを選択するのも自分の責任ですが、それは「面倒なのが嫌だから」という気持ちの裏返しにすぎません。**それよりも、自分の生き方、あり方の一貫性を通す人の方が、より素で生きていくことができるでしょう。

「あるがまま」になると、こうでなければならない、などの執着が抜けます。
そうした人というのは、目の前の出来事を、感情というフィルターを通して見ることが減っていきます。

**どうでもいい、というのではなく、どっちもOKなのです。**
ですから、相手にどう言われようと平気ですし、そこに余計な意味づけをしないのです。

自分がバカだからだとか、性格悪いからだとか、運が悪かったとか……、そういう余計な意味づけが、なんの良い結果も生み出さないことを知っているのです。

ぜひ、あなたの目の前で起きている出来事に、善悪のジャッジをするのをやめてみてください。

どうしても、ニュースなどを見ていると、**いろんな感情が沸き起こってくることもあるかもしれませんが、グッとこらえて、ジャッジすることをやめてみましょう**。そして、ただ出来事が起こっている、とだけ受け止めておきましょう。

そして、自分の身に何か良くないことが起こったときも、**無駄な意味付け**をするのはやめましょう。

それよりも、「こういうことが起こった、じゃ、どう対処しようかな」と、シンプルに考えるようにしましょう。そのほうが時間の無駄が減って、行動力も上がることでしょう。

第4章

# ゆっくりと
# 素になっていこう

17

# 恐れを心から手放す

## ● どうして相手に集中できないの？ ●

素になることが不安に感じている人は、まずは、相手の話に集中することから始めましょう。

たとえば、職場の同僚に
「ちょっと、これ見て。昨日、買い物に行ったら、このスカートがすごく安く買えて……、どうかな？」
と、話しかけられたとき、以前のあなたなら答えるときに色々と考えていたかもしれません。
(どうかな？　って聞いてくるんだから、きっと共感してほしいんだろうし……。**「安く買えてラッキーだったね」**って言えばいいのか？　**「似合う～ステキ～」**がいいのか？　はたまた正直に**「うーん、安くていい買い物だったかもだけど、ちょっと派手かな～」**と言っていいものか……)

どの答えにも、正解も不正解もないのですが、肝心なのは、あなたが感じて考えて答えるということ。

相手中心のコミュニケーションから、自分中心のコミュニケーションをする。
それが苦手な人は、**相手の気持ちを先回りし過ぎてしまって、自分の気持ちをおきざりにしていることに気づいていません。**

相手は何を言ってもらいたいのかな？　で考えて、**自分が何を感じたか？**　は、考えない。すると次第に相手の話も耳に入らなくなってしまいます。

**相手が話しているならば、相手の話に集中する。**
そして、相手の表情、声の調子、ボディランゲージ、姿勢もじっくり観察しましょう。楽しそうなのか？　少し悩んでいるのか？　など、相手の感情も主観もいれずに感じてみましょう。**そこで感じた素直な気持ちを、そっとフィードバックするつもりで話せばいいのです。**

先ほどの例で言えば、

**「うん、とてもステキね。それにしてもそういう明るい色も着るんだね。なんかいいことでもあったの？」**

など相手の様子を観察することで、気づいた点をフィードバックすると、人間関係が深まるきっかけが生まれるかもしれません。

**相手の心に響くのは、自分に合わせてくれた意見ではなく、あなたらしい意見、そこにあなたの素が表れるのです。**

### ● 意識がここにあらず…… ●

相手との会話に集中するということを、もう少し掘り下げてみましょう。
例えば、過去のことを考えると、私たちの意識は過去に行き、未来のことを考えると、意識は未来に行きます。過去の話した内容に私たちの身体と心は支配され始めます。

**成功体験を思い出しているときはエネルギーが上がっている**感じになり、**失敗体験を思いだしたときには、気持ちが沈んだり、やる気がなくなったり、そのまま落ち込んだ気分に引きずられてしまう**ことがあります。
また、未来のことを考えるのも同じです。

身近なことで言えば、仕事中に週末のデートのことを考え出したとします。当然、「心ここにあらず」状態になり、今に集中できないゆえに、仕事でミスを招くことがあるかもしれません。

よく思い出し笑いというのがありますが、面白いことや悲しいことなど、昔のリアルな記憶が思い出されて夢中になっているときというのは、他のことは上の空になっていて、周りの情報は一切入ってきません。

## ● 相手の話を最後まで聞く ●

コミュニケーションも同じで、「**これを言ったらどう思われるかな？**」とか未来のことを考え出したり、または、「**以前、こういうシチュエーションで失敗したんだよね……**」と過去のことを考えたり。このように、今の状態に状態に集中していないと、素にはなれないどころか、相手にそれが伝わってしまいます。

今、この時に集中することは、今後あなたがどんな状況になった時も、素でいられるようになるための大切なことなのです。

素という言葉は言い換えれば、「今、ここ」に集中している状態のことです。素の人は、あれこれ先回りして何かを考えたり、過去の情報を持ち出してあれこれ計画したりはしません。常に「今、ここ」に集中しているのです。これは禅の教えからくるものではありますが、ちょっと噛み砕いてお伝えしたいと思います。

私がこの教えに出会ったのは、禅からではなく、ドイツ系のユダヤ人精神医師でもあり精神分析の権威者でもある、フレデリック・パールズの文献からでした。彼は、日本への旅行をした際に、京都の大徳寺を訪れ2ヶ月ほど座禅を組んだそうです。そのときの経験を盛り込んで作られたのがゲシュタルト療法。
彼の教えの中に、ゲシュタルト療法9原則、というのがあるのですが、まさに素の勧めと同じです。その原則の中で、第一原則と第二原則が素の人の特徴の一つ、「今に生きる」と「ここに生きる」というのがあります。

これはどういうことかと言いますと、**「今に生きる」**というのは、過去に囚われすぎることなく、今を生きようとすること。未来に対する不安に囚われるばかりではなく、今を感じようとすること。そして、今を生き、噛みしめます。常に視点は今にしかない状態のことです。

さらに、**「ここに生きる」**とは、常に目の前のことと完全に向き合うこと。時々、「魂ここにあらず」状態の人がいますが、目の前で人が話をしていても、違うことを考えていたり、自分はどう思われているかな？　とか、または**話もよく聞かず、次に自分が話す内容を考えていたりする。**これでは、よりよいコミュニケーションをはかれるわけがありません。

今この時に集中するのが苦手な場合は、**一日の中で、意識して、この時間は集中してみる！　という時間を設けてみてください。**特に誰かと会話をしているときに。

そうしていると相手は、あなたが純粋に一生懸命話を聞いてくれている、ということを察知し、それだけで信頼関係が築けるようになります。

## 18

## 後悔しないコミュニケーション

### ● いつも、ひとり反省会…… ●

コミュニケーションで悩んでいる方の中には、あとでしゃべったことを後悔してしまう、という方がいます。

**「あ～、あんな風な言い方しなければよかった……」**や
**「私の言ったことで、相手が傷ついているかもしれない、いや、怒っているかも……」**などのように、言ったことの事実に、自分の妄想が加わり、どんどんそれが大きくなっていき、心も重苦しくなってくるのです。

もちろん、私も、自分の言ってしまったことを後悔して、ひとり反省会をして、モンモンと悩んでいたことがありました。次にその人に会うまで、何と気持ちが重かったことか……。

私がまだ20代の頃の話ですが、ご主人を亡くされた女性を慰めようと思い、数人でご自宅をご訪問したときのことです。こういう場面って何を言ったらいいか本当にふさわしい言葉が見つかりません。

周りから伺ったお話によると、亡くなったご主人様は大学の教授をされていて、またいくつかの会社の役員もされていて、奥様がそれらの事務処理でとても忙しくて悲しむ暇がない、と漏らしていたそうです。

そこで私は、「お忙しいんじゃないですか？　休めていますか？」と気遣いのつもりで言いました。ところが、その一緒に行った友人の中のひとりからあとで、「ご主人が亡くなって悲しい思いをしている人に、忙しいんじゃないですか？って、あり得ないんじゃない？」と叱責されたのです。

私も、「そう言われればそうかも…」と、家に帰ってから本当に落ち込みました。そして、**どうしよ、どうしよ、失礼なことを言ってしまった……と、胸が痛み、そのときのことを考えると眠れない日もあるくらいでした。**

しかし、後日、奥様と会ってみたら、「え？　そんなこと言ってました？」と返されて、奥様は全く気にされていませんでした。私のあの苦しみはなんだったのでしょう。
それは私が勝手に作り出した、**私だけの“苦しみ”の現実だったのです。**

## ● 過去を捨てれば心が強くなる ●

過去のことは変えられません。
ですが、過去に嫌な出来事があって、ずっとそれが頭の片隅から離れずにエネルギーを過去に奪われてしまう人は大勢います。

でも、私たちの過去に対する悩みの正体は、事実に基づかない、**自分勝手な妄想によるものがほとんど**です。その妄想によって、失敗したという記憶がさらに増幅されていることが多いのです。

私が言ってしまったこと、やってしまったことに思い悩んで、後悔しなくなったのは、過去は変えられないと思うようになったからです。そう、**「1秒前でも過去」**なのです。

では今日からはもう、自分のやり方や自分が言ってしまったことへの後悔はやめましょう。もう、ひとり反省会はいりません。終わったことなのです。いいんです。言ってしまったことをくよくよ考えなくても。

その人に会う日になったら、そこで初めて、どうしようかと考えるなり、流れに任せるなり、はたまた、気になったら、気になった時点で「あんな言い方してごめんなさい」って言えばいいだけの話です。
これからは、もう、

**・今の自分をジャッジしない！**
**・後悔しない！**
**・くよくよしない！**

あなたが過去に思い悩む時間は未来を変えるために使いましょう。

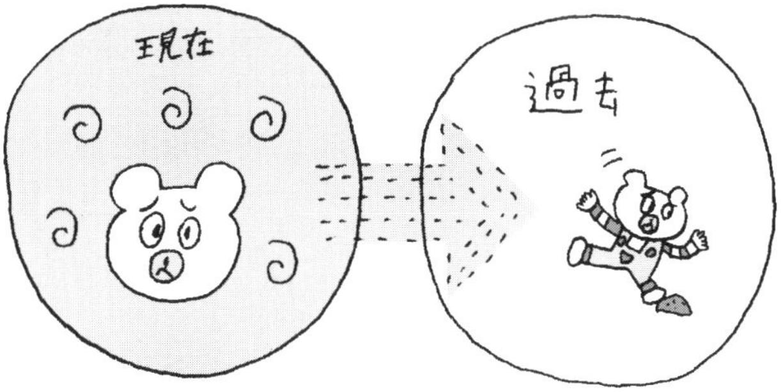


★過去のことばかり考えると過去にエネルギーを奪われる

## 19

## つながり依存をやめる

### ● 独りぼっちになるのが恐いから ●

「今日の飲み会は来る？」
もしも、疲れて早く家に帰って休みたいのに、飲み会に誘われたら、あなたならどうしますか？
**迷った末に、行くことを選択するあなたには、独りぼっちになったら嫌だという感情が沸き起こった**のかもしれません。

人は生きていく上で、色々なしがらみが生まれます。スパッと切ることが難しいのはなぜでしょう？
好きでもない人との飲み会、無駄な長電話、ダラダラ見るテレビやネット、薄く広いつながりのSNS。

**すべては、あなたの安心感を満たすために、それらは存在しています。**
独りぼっちになるのが嫌だから、飲み会に行く、SNSをやる。

あなたが素になるためにできることは、その安心感がほしい気持ちを一瞬でもいいので、捨ててみることです。

すると、あなたの周りに本当に必要なものが見えてきます。
１日だけSNSから離れてみる。１日だけメールを一切見ない。いつも気を取られ、時間を取られていたことの中から、本当にあなたが大切にしたいものが浮かび上がってくるでしょう。
**つながりに依存しすぎている人は、本当につながりたい人とつながっていますか？**

## ● まずはモノ依存からやめてみる ●

人とのつながりを自分から整理するのが難しい人は、まず自分の身の回りの整理から始めてみましょう。

そうすることで、**生活がシンプルになり、思考がシンプルになります**。モノが多いだけで、私たちは視覚から色んな情報をキャッチしてしまいます。ごちゃごちゃと考えてしまう思考は、ごちゃごちゃした部屋からの視覚情報の影響がとても大きいのです。

仕事を終えて帰ってきて、あなたの一番の素になる安らぎの場所なのに、そこがごちゃごちゃしていたら、思考はまたごちゃごちゃになります。

物質はエネルギーです。**物が多ければ多いほど、部屋の中をエネルギーが飛び交い、私たちは情報過多で過ごすことになるのです。**視覚情報だけではありません。文字通り私たちの身体に、そしてメンタルにもそれらの物質からのエネルギーが影響を及ぼしています。

よく作家の中には、ホテルにこもって執筆される方がいます。ホテルは、静かで、最低限の物しか置いていないので、思考も整理されやすいのでしょう。

そうしたシンプルな環境ではリラックス効果も高くなります。
心から落ち着いた状態はあなたの素を引き出すでしょう。
是非、物を徹底的に少なくして、あなたの取り巻いている生活習慣全体をシンプルにしてみてください。

本当に必要なものだけが浮かび上がってくるはずです。

# 20

## 気持ちを伝えることをめんどくさがらない

### ● 察して欲しい期待が自分を苦しめる ●

この項目は、要点を最初にお伝えいたしましょう。それは……

**「言いたいことは素直に言ってみましょう」**ということ。

私たちはついつい相手のことを考えすぎるあまり、伝えたいことや話さなければならないことに、オブラートにオブラートを重ねたり、ワンクッションもツークッションも置きすぎて、何を伝えたいかわからなくなってしまうことがあります。

そんなときに、身勝手にも
**「あ〜、言わなくてもわかってほしいのよね……」**とか
**「もう、いいわよ、わかってもらえなくても！！」**
と投げやりな気持ちになることもあります。

日本人は、行間（書かれていない部分）を読む、空気を読む、阿吽（あうん）の呼吸、という文化を大切にしています。つまりこれは、**「言わなくてもわかる」とか「察知する」とい**

**うことが、良しとされてきた文化**です。

だから、相手にも自分の気持ちを理解することを暗に要求することがしばしばあります。そして、それが叶えられなかった場合、

**「あの人は空気が読めない」と相手を責める気持ちも芽生えてしまうのです。**

しかし、空気を読んでもらうことばかり求めすぎて、相手に伝えることの重要性を忘れていないですか？

**いいえ、はっきり言えば、忘れているわけではなく、皆さん、それを面倒がっていないでしょうか？**

### ● 素直に言って欲しいのに…… ●

以前、知り合いのグループから聞いたお話です。
あるとき、仲間うちでバーベキューに行こうと盛り上がったそうなのですが、その中のＣさんという女性が、「その日、行けるかどうか、まだわからないから、あとで返事するね！」と言われたそうです。

友人たちは律儀にも彼女からの返事を待っていましたが、待てど暮らせど、一向に彼女からの返事はありませんでした。食材の調達などの準備もあるので、友人の中の幹事がたまりかねて、電話をしたところ、Ｃさんは参加はもう断ったつもりでいたそうです。

もともとそんなに行きたいわけじゃなかったけど、盛り上がってる雰囲気の中、それを言うのも悪かったので、オブラードに包んで言ったつもりだったというのです。当然ながら、友人たちは彼女に対して怒ってしまいました。
しかしながら、この場合Ｃさんの方も釈然としませんでした。
**「普通、ああいう風に言われたら、行きたくないんだな…って察してくれるんじゃない？」**
Ｃさんは、友人たちが怒るのはお門違いだと思っていたのです。

この問題は、あなたの周りでもよく起きていることだと思います。
それでは、この場合の問題の原因はなんだったのでしょうか？

素の人間関係を築いているグループであれば、このような問題も起きなかったかもしれません。
なぜなら、**「私は行きたくないよ」という気持ちをCさんが“そのまま”伝えれば済む話だから**です。そして、それを受け止めるだけの関係性がグループになかったというのも、もうひとつの原因です。

しかし、思っていることを面倒くさがらずに伝えることは、誠実なコミュニケーションですが、“そのまま”伝えることは多くの場合、カドが立ってしまいます。

**● 私を主語にすること ●**

伝えづらいことを話すとき、他人を傷つけるかもしれない、他人に失礼があるかもしれない、と考えすぎて、結局何も言えず、あとから事態がこじれてしまうことはよくあります。

そういう場合は**「私は…」**ということを主語にして話すようにすると、問題が起きることが少なくなります。

この手法は**アサーティブコミュニケーション**という手法で、自分を大切にしつつ、相手を傷つけないで気持ちを伝える手法です。

アサーティブとは「自己主張」と訳されることも多いですが、もう一言付け加えるとすれば、相手との協調の精神を表しながらも、自分の欲求も不快感も含め、我慢せずに上手に伝えられる方法のこと。

相手に合わせてばかりでは、自分の中にフラストレーションが起き、結局自分が我慢して人に合わせてばかりいることになります。これでは素の状態とは言えません。
日本語のコミュニケーションというのは、言葉遣いによって、攻撃的になったり、受動的になったり、欺瞞的になったりすることがあります。

例えば、「私はバーベキューに行きたくない」ということを伝えるのに、意図は同じでも、次のように回りくどい表現をすることがあるかもしれません。

**「バーベキューなんて、行って面白いの？」（攻撃的）**
**「バーベキュー誘われたけど、行かなくていいよね？」**
**（受動的）**
**「バーベキューって素敵ね（でも行かない）」（欺瞞的）**

どれも、相手に対してどこか距離を置いた話し方で、相手はどのようにあなたに接したらいいか、考えてしまいます。

ですが、「私は…」を主語にして「行きたくないよ」という気持ちを率直に、親切なやり方で伝えれば、曖昧な点はなくなり、相手はあなたへの接し方もよくわかるようになります。

**コミュニケーションのもつれは、お互いに対する情報量の不足が原因で起きるものです。**そこを上手に補うように、自分の気持ちや考えを相手に伝えておくことで、相手はその情報をふまえてあなたのことを考えてくれるようになります。
伝え方ひとつで、受け取り方も変わります。ぜひ試してみてください。

★ 自分の気持ちがちゃんと伝わる
コミュニケーション

## 21

# 相手の気持ちを先回りしてしまう癖

### ● 他人の目線ばかり考えるのをやめる ●

コミュニケーションがのびのびとできない、という問題を抱えている人の中には、「こう言ったらどう思われるかな？」「どう見られるかな？」と、いつも自分がどうみられるか？という**他人目線での不安を抱えている人**がいます。

その不安ゆえに、先回りしていろいろと事の結末を考えてしまうのです。

相手から嫌われたらどうしよう、変な人だって思われたらどうしよう、怒ったらどうしよう……と。こういう恐れや不安が先だってしまい、あなたのよい資質を表に出るのを阻んで、のびのびとコミュニケーションが出来なくなってしまう理由になるのです。

でも、第１章で言ったことを思い出してください。嫌われたって、変な人だって思われてもいいのです。あなたにそういうことを言う人は、あなたから離れていくだけです。

そうすれば、最終的にあなたの周りに残るのは、あなたの好きな人だけです。他人の目を気にしてばかりいる人生は窮屈です。自分を中心に（自己中という意味ではなく）のびのびとしていればいいのです。

ですので、**先回りしてあれこれ考えるのをまずやめてみましょう。その時の会話や目の前にいる人に集中してみましょう。**その場の空気を集中して感じてみましょう。

本気でそうしているうちに、何を話したらいいのか？　何を話しては不快にさせてしまうのか？　などそういうことも無意識に察知できるのです。

**ポイントは集中です。相手の話す内容、相手の表情、目の動き、どんな感情なのか？　何を伝えたいと思っているのか？集中しているといろいろと見えてくるものです。**

見えてきたときには、どんな言葉を発したらいいかは、あなたが一番知っているはずです。その時には何を言おうかと恐れてはなりません。失敗しても、嫌われてもいいのです。

## 先回りは誤解の原因

相手の気持ちをわかったつもりになって、行動してしまうことでコミュニケーションがうまくいかなくなることも多くあります。

以前、ご相談にいらした中にこういう主婦の方がいらっしゃいました。

その方は、家事や子育てのことなど、家の中でのことはすべて率先してやっているのに、家族からは感謝の言葉ひとつないことが不満だったそうです。
あるとき、仕事から帰ってきたご主人に対して、いつものように晩酌の準備をしていたとき、「今日はいらない。食べてきた」と言われたことに、カチンときたそうです。そして、「食べてきたってどういうこと？　先に言ってくれたらいいじゃない？　あなたのためにと思って準備しているのよ！」となじったら、ご主人からこういう言葉が返ってきたそうです。

「仕事の付き合いで急に誘われることだってあるんだ！俺だって仕事や付き合いで、すごく大変なんだよ！」

彼女はそのとき始めてご主人の気持ちに気づいたそうです。ご主人も大変だったということに。そして自分だけが大変だと思っていたことや、ご飯を作ってあげている、という高慢さにも気づかされたのです。

**彼女の問題は、相手はきっとこうしてほしいに違いないという思い込みを持っていたこと。そして相手に選択をゆだねるのではなく、自己満足に陥っていたことが原因**でした。

### ● 考えすぎるとドツボにはまる理由 ●

自分の言動に気を取られるあまり、相手のことに意識を向けられない人は、沢山います。
あるとき相談にいらした男性は、とても優しい性格の人で相手のことをよく考える人でした。これを言ったら傷つくかな？　これを言えば、相手は心地よくなるかな？　喜ぶかな？　と。特に相手が怒っているときは、安易に言葉を発しませんでした。

頭で考えて考えて、選りすぐりの良い言葉を選ぼうとあれこれ考えているのです。そして、やっと言葉を発した時には、考え過ぎたあまり、いつもその人に一番言ってはいけない最高にひどい言葉が出てしまっているということが多い、とおっしゃっていました。

頭の中で、言ったら良いこと、悪いことを判断しようと考えてばかりいると、実は悪いことの方にフォーカスが当たりやすくなってきます。

あるとき、その男性が接待ゴルフに行ったとき、取引先の社長さんが何回も OB を出すので、一向にコースを進めなくて困ってしまったそうです。しかし、それをフォローしようとして、言ったセリフが、

**「社長、このゴルフ場は、ナイター設備があるみたいです。日が暮れて夜になっても大丈夫ですよ」**

笑い話のようですが、本当の話です。彼の頭の中では、どんどん悪いパターンのイメージ（この場合は、日暮れまでゴルフをし続ける）がわき上がってしまって、つい、そのイメージに沿って話をしてしまったんでしょうね。取引先の社長さんは、一度苦笑したきり、それ以来、言葉を発しなくなってしまったそうです。

その男性が私に相談しに来た時、私がお伝えしたのは、
**「相手のことに集中してみてください」**とそれだけでした。

相手の話す内容、相手の表情、目の動き、今どんな感情なのか？　相手を集中して観察すると、いろいろ見えてきます。相手にちゃんと意識を向けた状態でコミュニケーションすれば、自然と相手のことを思いやる言葉が出てくるでしょう。

その男性は無理に先回りして相手の気持ちを考えなくてもいいんだ、と気づいたら、落ち着いて周囲とうまくコミュニケーションできるようになったそうです。

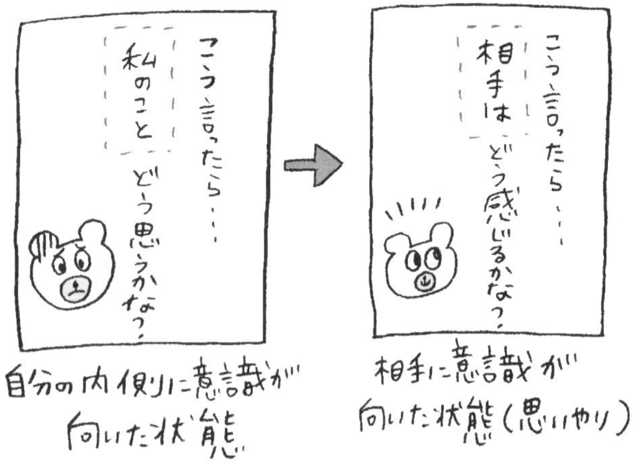

# 22

## 自分に優しいコミュニケーション

### ● 素で相手に接する本当の意味 ●

ここまでお話してきましたように、素でコミュニケーションを取るということは、相手にどう思われるかよりも、まず自分がどう思うかが大事で、相手を思いやりながらそれを素直に伝えるコミュニケーションだということを、だんだんとわかってきたのではないでしょうか？

しかし、コミュニケーションに悩みを抱える方の多くが、
**「自分の言いたいことが言えない」**
**「対人関係で我慢するのはいつも私の方」**
と考えていらっしゃるのも事実です。
そして、ある日、そんな感情が爆発して、周囲の人間関係を壊してしまう人がいます。

その方は、就職3年目のOLでした。
職場での悩みを相談しにきたのですが、よくよく悩みを聞いてみると、その女性は上司からセクハラを受けていたように感じていました。

それとなく、彼氏がいるかを聞かれたり、二人で飲みに行こうと誘われたり、飲み会の席では隣に座らされて、酒をつぐように言われたり…。

あるとき、社員旅行で浴衣に着替えたら、その上司の目線がなんとなく自分の胸元を見ているような気がしたそうです。そのとき、とっさに「見ないでください！」と大声で言ったら、他の社員にも聞かれてしまい、とても気まずい雰囲気になったそうです。

それから職場では、まるで腫れ物をさわるような対応をされたといいます。そんなこともあって、彼女は職場にますます居づらくなり、結局辞めてしまったそうです。

### ● 周囲に合わせてる「つもり…」●

彼女は、ずっと上司に合わせているつもりでした。
単身赴任で忙しい上司の力になりたいという気持ちがあったので、飲みに行こうと言われれば付き合うこともありました。

また上司の仕事が忙しそうなときは、自分の仕事を早めに終わらせて手伝ったこともありました。でもそれらの親切心から出た行為が、「もしかして俺に気があるのかも」という勘違いを上司にさせてしまったのかもしれないと彼女は言っていました。
もし彼女が始めから素で接していたらどうなったでしょうか？　嫌なものは嫌ですとはっきり言うタイミングは、もっと早くなっていたかもしれません。

その方が、お互い傷は浅く済み、会社での関係も壊れなかったかもしれません。

### ● ガマンガマンが心の暴発を招く ●

素のコミュニケーションでは、**自分のことをまず最初に考えることが大切です。**

素コミュニケーションの基本は、「自分はどうしたいのか？」という部分を見つめることから始まります。**その上で、その気持ちを、相手に配慮した仕方で伝えればいいと考えてください。**

相手に配慮した仕方というのは、例えば、「誘って頂いたのはとてもうれしいんですが」とか、「色々とお気遣い頂いているのには感謝していますが」とか、「お気持ちは十分わかりますが」などの枕詞《まくらことば》を添えるなどの配慮のことです。

普段言いたいことを我慢ばかりしていると、本来人間が持っている基本的欲求を満たそうとする部分が満たされず、心に乱れが生じたり、メンタルがおかしくなったりします。つまり、**我慢ばかりしていると心は壊れてしまうのです。**

そうかと言って、言いたいことを言いたいように言えばいいか、というとそうではありません。
まず自分を大切にするという優先順位の後には、必ず次に、相手に配慮する、ということを心がけてください。

### ● 自分を大切にしない人は他人も大切にできない ●

あなたが今までしてきたコミュニケーションを下に書いたように変化させるには、何が必要でしょうか？

**相手が喜ぶために、自分を犠牲にする**
↓
**自分が喜ぶために、相手にわかってもらう**

相手にわかってもらうためには、まず自分は何をいま感じていて、何を思っているのか？　何を伝えたいと思っているのかを知ることです。
どうしたらいいのかわからないときには、こう自問してみてください。

**「ぶっちゃけ、どうしたいの？」と。**

考えてみれば、今まで生きてきて、困る状況というのはいつも同じパターンである気がしませんか？
たとえば、言いたいことを我慢するシーンとしては、仕事で疲れていて早く帰って休みたい。そんな時に、飲みに行こう！　と上司から誘われる。
または、今月はちょっと金欠でしんどいところ、友人から一泊二日で温泉旅行に行こう！　と誘われる。しかも、あまり乗り気がしない……などなど日常では、**自分が我慢すればそこは丸く収まるような状況**というのは結構あるものです。

しかし、困った場面もこう言えば済む話です。
**「誘ってくれてありがとう。でも今日は具合が悪くてお酒飲めない状態なの。また誘ってね」**とか、
**「うわ～、温泉か～。いいな～。でも今月○○を買っちゃっ**

**て金欠なの。また別のときにするわ。誘ってくれてありがとう」**と、
相手に配慮した言い方で伝えればいいのです。

ですが、自分を犠牲にして、他人に合わせる人は、ひとたび、逆の立場になると、他人に自分と同じように合わせることを求めてしまうことがあります。
たとえば、あなたが、どこかに遊びに行こうと他人を誘って断られたら、あなたは冷静に受け止めることができるでしょうか?

**自分は無理してでも、他人の要望に合わせているのに、この人は自分の都合で断ってきた、なんて勝手な人だろう……**

こうして、相手の自由意思を尊重できなくなってしまうのです。
だからこそ、自分の思いを大切にしてみてください。それは、無理してでも人の要望に合わせるのではなくて、自分の本当の気持ちを優先するということです。そうすれば、他人の思いも同じように大切に扱えるようになります。

もしも、お誘いを断る場合も、「ごめんね」や「ありがとう」

の言葉を返して、相手の気持ちに配慮を示す。相手がそれに対して怒ってきた場合は、その相手もまた、他人に合わせて自分を犠牲にしている人なのかもしれません。だから、反発をせずに、その方の気持ちをくみ取ってあげてください。

あなたの思いはきっと届くはずです。

★自分を大切にしてないと相手にも同じ事を求める

## 23

# 相手と性格があわないなら？

### ● 相手の価値観をわだかまりなく受け入れる方法 ●

交友関係において、つながりが強くなる人とそうでない人との違いは、価値観が同じかそうでないか？　というのがとても大きな要因になるものです。男女の恋愛や結婚なども多くの場合、価値観の共有が大事だと言われていますね。

しかし、素のコミュニケーションが周りと取れる人は、相手との価値観が違っていても、仲良くなることができます。なぜならば、**自分の価値観を押しつけずに、相手の価値観を尊重できるからです。**

しかし、多くの人は、対人関係において、
「あの人とは、なんか馬が合わないわ〜。イラッとするわ」
「なんでいつも私に嫌味をいうのかしら。ホントに嫌になっちゃう」

誰にとっても、価値観や生き方の違う人は付き合いづらいものです。

ですが、素のコミュニケーション術においては、価値観の違いはあまり問題になりません。

あるご夫婦のお話です。
もう連れ添って30年になるご夫婦だそうですが、奥様はひとつだけ旦那様に許せない所があったそうです。
それは、旦那様の性格がものすごく細かい所だそうです。反対に奥様は非常に大らかな性格で、性格の上ではまさに正反対。

何か買い物をすれば、旦那様はそれがいくらだったのかを気にしたり、掃除で行き届いていないところがあれば、奥様に対してそれを指摘したり、「まるで小姑と一緒に暮らしているみたい」と、ご主人が定年退職してからは、奥様は日々、不満を募らせていきました。

ある日、このご夫婦はささいなことから口喧嘩になり、奥様はたまりかねて今までの鬱憤が爆発しました。

「いちいち私のやることに文句ばかりつけて、うんざり！」

こう言われたご主人は意外そうな顔をして、言いました。

「お前は大雑把だから、俺がちゃんと注意してやらないといけないと思っていたんだ。すこし言ったくらいじゃわからないだろうから、いつも強めに言っていた」

きっと、ご主人には悪気がなかったのでしょうが、キッチリタイプのご主人と真逆の奥様にとっては、毎日毎日、ご主人の価値観を押しつけられているような状況では、とてもしんどかったでしょう。

**人間関係というのはバランスでできています。相手のタイプによって、本来自分の中では眠っていた要素も引き出されることもあります。価値感の違いというのは、このように思いがけず生まれる場合もあります。**
大らかな奥様に対して、細かい所を指摘するご主人というのは、その典型例でしょう。

## ● 自分が否定されているわけではない ●

例えば他にこんなことも経験するかもしれません。
あなたが好きな俳優さんがいたとします。
もう好きで好きでたまらない。
それを友達に言った途端、友達は意外な顔をして、

「本当に？　私はあの人嫌い〜」と言ったとします。
あなたはどう感じるでしょうか？

「え？　何もそんなに嫌な顔して否定しなくてもいいじゃない！」とか、「ずいぶんはっきり言うのね〜。腹立つわ〜」「普通、そんな言い方しないでしょ！」などと感じるかもしれません。
気が弱い人の中には傷ついたような気持ちになり、ショックを受ける人さえいます。

でも、落ち着いて考えてみてください。友だちはあなたとの意見や好みが違う、というだけなのです。
事実だけを見てみてください。あなたと相手の「普通」が違うだけなのです。

もし、そう言われたとしても、いちいち過剰反応せず、事実だけを受け止めてみて、「へぇ〜、そうなんだ〜。ちなみに誰が好きなの？」と会話を持っていけばいいだけです。あなた自身を否定されたわけではないのです。

## ● 発言の真意は……？ ●

本質的に、性格が合わないというよりも、立場や環境の違いによって意見や価値観の相違は生まれやすいものです。

それさえ理解すれば、先ほどの例の話でも「なるほど」と相手の言葉を受け入れることができます。素の人は、相手の価値観をそのまま受け入れます。

これは、**相手の価値観に従うわけではなく、相手の価値観を知り、理解を示す**という意味です。

人間関係の悩みは、相手との価値観の相違から来ることが多くあります。しかし、自分の「普通」と相手の「普通」が違うことはよくあること。

このように相手の価値観を上手にわだかまりなく受け入れることさえできれば、人間関係の問題のほとんどが解決するでしょうし、もしそれができれば、もしかしたら、一生人間関係に関して深刻に悩まないで済むかもしれません。

第5章

# 誰とでも素コミュニケーション

# 24

## 素の私は無愛想……

### ● こちらの態度と表情で相手も変わる ●

素を出しやすい環境作りをする前に、あなたが本当に望む「他人との関係性」ってどういうものか考えてみましょう。

ある人は、自分の矛盾に全く気付いていないことがあります。以前、クライアントのＫさんとのコーチングの時に、セッションで話したテーマが**「誰とでも仲良く話せるようになって外向的になりたい」**というものでした。Ｋさんの仕事は研究職で、あまり人と関わらず、友人も少ないことを気にしていらっしゃいました。しかし、Ｋさんは趣味のガーデニングや水泳には時間を割き、充分暮らしを満喫していました。

そんな中でも、**きっと、誰とでも仲良くできない自分はどこかに欠陥があって、独りで過ごすことに少しさみしさを覚えていたのでしょう。**

Ｋさんとセッションを重ねて、こちらがＫさんに質問して話していくうちに、やがてＫさん自身、自分の求めている姿がわかってきました。

やっぱり自分は静かな時間を大切に過ごしたい。わいわい、大勢の友だちに囲まれてすごすよりも、集中して自分のやりたいことに打ち込める環境が大切だと思っているということ。

友人の数は多ければいいということもありませんし、少なくても気にすることはありません。

こうして、Kさんの希望は、誰とでも仲良くなることではなく、他人と関わるときにかかるストレスを軽減したいということに絞られたのです。

そこで、次にこういう質問をしてみました。
「他人と関わるときに、ストレスがかかるのはどういう瞬間ですか？」
「自分の興味のない話を延々と聞かされたりするのは苦痛ですね」

Kさんは、**会話には、必ず実りがないといけない**と考えているようでした。だから、自分にとって関係のない話をされるのは、何も利益がないし、その人にとっても時間のムダではないか、と感じていたのです。

しかし、話をしていくうちに、Kさんは実りのない会話になるのはもしかしたら自分に原因があるのでは？と気付き、次のセッションまでに、相手の話に完全に集中して聴いてみる、と決めました。

そのためにいくつか、聴くときのマナーをお伝えして、その日のセッションは終わりました。

### ● 相手に寄せる興味が話のきっかけに ●

次のセッションのとき、Kさんは喜びながら、その週に自分に起きた劇的な変化を私に話してくれました。

セッションの次の日、ある人がKさんに対して、最近自分がはまっているアイドルについて話をしたのだそうです。
今までのKさんであれば、そんな話は聴くのもムダと思って、無愛想な態度を取っていたかもしれませんが、そのときは、自分で決めたことを思い出して、真剣に聴いてみると、これが意外にも面白い。
相手もKさんが真剣に聴いてくれるものだから、話もだんだん熱を帯びだしてきます。

Ｋさんは話を聴いているうちに、なぜ、相手がこんなにアイドルにはまったのか、その原因は何か？　など、どんどん興味も湧いてきました。結局、Ｋさんは興味のない話題でも、ストレスを感じずに他人と話をできることになったのだそうです。

興味のないことを聴いているときは、自分では気づいていないかもしれませんが、冷たい表情と態度になっているものです。無意識で思っていることは、所作にもかなり表れてしまいます。それは相手にも伝わって**話す熱意を奪ってしまう**こともあるでしょう。

私がお伝えした、聴くときのマナーというのは基本的なことばかりです。

対面の時の腕組み、並んで歩いているときに、相手側にバックを持つのをやめることなど……これらの動きは、相手をブロック状態にしている態度です。**腕で心をガードしているので「入ってこないで」、のジェスチャーであり、相手側にバックを持つのも心理的距離を取っていることになります。**

世の中にはいろいろな話題がありますが、誰かがあなたに聴いて欲しいと思っている話題であれば、興味はきっと湧くでしょう。そんな相手に対して、聴くマナーをしっかりして、まずは、**会話に集中することが、お互いが素を出せる環境作りの第1歩**なのです。

# 25

## 誰だって自分の話を聴いて欲しい

### ● 徹底的に聴くコミュニケーション ●

コミュニケーションの基本は、話すことと聴くこと。その2つが揃って初めて、コミュニケーションが成り立ちます。

「きく」には3つあります。**「聞く（hear)」と、「訊く（ask)」と、「聴く（listen)」**です。この違いを考えてみましょう。
「聞く（hear)」は耳で感じて、知る。つまり広い意味で音を耳でとらえるということ。「訊く（ask)」は、たずねる、問いに答えてもらう、というということ。
そして、最後の「聴く（listen)」。
双方のコミュニケーションにおいては、この「聴く」だと思ってください。意味は、相手に興味関心を持ち、相手の感情も内容にも心を傾けて「きく」という姿勢が含まれています。

「聴く」という字を分解してみてもわかるように、「耳」と「十の目」と「心」に分けられます。つまりコミュニケーションにおける観察は、耳も目も、そして心も傾けて相手を丸ごとわかろうとするのが「聴く」ことなのです。

さてこれから「聴く」に関しての注意点を書いていきます。

**【最後まで話を聴く】**

これも子供のころに私たちは親から教えられたことかもしれませんが、今は時間のないと皆が感じている時代ですので、人の話をさえぎってしまう人も多いものです。人は、どういうときに人の話の途中でブロックしてしまうことがあるでしょうか？　たとえば、

- **途中で、アドバイスしたいという衝動に駆られる時**
- **自分の考えとは違うことを話されたとき**
- **自分の価値観と同じことを話されたとき**

アドバイスしたい人、というのは教えたがり屋さんですね。相手が問題に陥っているのがわかると、話の途中でも自分が知っていることを言いたくて言いたくて仕方がなくなり、ブロックして「あ、そういう場合は、こうするといいよ。」とアドバイスに延々入ってしまうのです。

また、自分の考えと違うことを話されたときには、ついつい自分の考えを伝えたくなる。相手がまだ話している途中だというのに、「それは違うと思うな」とか言いたくなる衝動を抑えられないケース。

そして、意外にも人の話をさえぎることが多いのは、自分の価値観と同じことが話されたとき。もう、相手が話の途中でも、「わかるわかる〜！！　私もねぇ〜……」と言って、自分の話に持っていく。
日常生活で、私たちは注意してみると人の話を最後まで聴いていないことが多いですね。

## ● 間《ま》が出来るまで聴くと…… ●

ここでいう相手の話を最後まで聴く、というのは相手が最後まで話をして、そこに**【間《ま》ができるまで聴く】**ということなのです。相手の話に間《ま》が出て初めて、この会話が一区切りした、ということです。その間《ま》のところに、うなずきや相づちを入れてもいいでしょうし、そこで質問を入れてもいいのです。

沈黙になるのが嫌で、矢継ぎ早に質問を浴びせたり、すぐに次の話題に移ろうとする人もいますが、会話における間《ま》というのは、けして悪いことではありません。

適切なところに入る相づちや、うなずき、質問というのは、民謡などの囃子詞（はやしことば）に似ていて、会話の調子をとる働きがあります。囃子詞とは、ヨイショ、ドッコイショ、ソレ、ハイなど、ちゃんとしたタイミングで入ることによって、唄のリズムがよくなります。
会話も同じです。間《ま》があることで、相手の話のリズムをとるように、相づちやうなずきをできたり、質問を挟むことによって、会話がイキイキしてきます。コミュニケーションが上手な人というのは、会話のリズム感がよいのです。

よいリズム感は、人の話を最後まで聴くことによって、生まれるリラックスした雰囲気からも、感じられるでしょう。

★ 会話のリズム感は間《ま》が作る

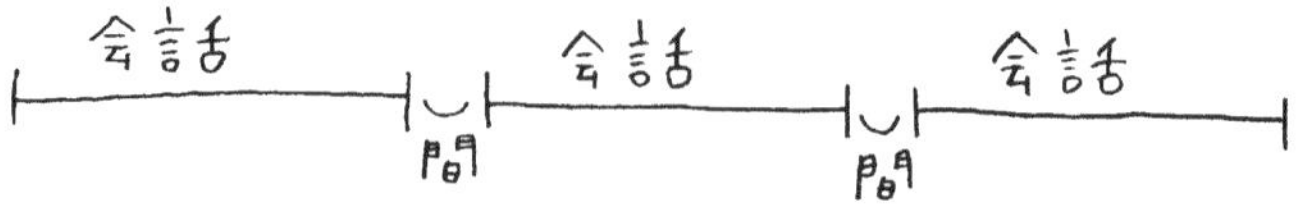

## 26

## 会話のない静かなコミュニケーション

### ● 沈黙に耐えられない… ●

コミュニケーションが苦手な人が恐れていることの一つに、「沈黙」があります。話が途切れたらどうしよう……というものですね。しかし、会話の間《ま》や沈黙にはものすごくいい効果があります。

相手が話し終わるまで聞き、そこの間《ま》で、相づちなどをしていてちょっと一息おいていると、相手はちゃんと聴いてもらっている、という感覚になります。

さらに、その沈黙の間《ま》に、自分の考えをまとめたり、浸ったりすることができる時間にもなりますし、信頼関係が築かれている状態での間《ま》や沈黙はお互いの共感を生むという効果さえあるのです。

ですから、間《ま》が出ても沈黙が起きても恐れる必要はないのです。むしろ、「あなたの話をちゃんと聞いているよ」のメッセージとなるのです。

間《ま》や沈黙が嫌なので、弾丸トークをする人がいますが、速いとペースが落ち着かず、息も荒くなります。そうしますと交感神経が優勢になり、リラックスモードから緊張モード、または、熱いモードに入っていきます。

会話の間《ま》の、あなたが苦手だと感じている沈黙は、相手にとっては、話を聴いているよというメッセージにもなります。さらに、その沈黙の間《ま》にお互いが考えをまとめたり、浸ったりすることができる落ち着いた時間にもなるのです。

気にしないで間《ま》を楽しむくらいの気持ちで会話を楽しみましょう。

★ 沈黙は相手の話をしっかり
受け止めてることのサイン

## 27

## どうすれば、相手への関心が伝わる？

### ● 姿勢だけで変わることも…… ●

聴くマナーさえ、しっかりしていれば、相手の話し方も変わります。
心を素にして相手とコミュニケーションを取ることと、マナーをしっかりして、お互い気持ちよくコミュニケーションすることは両立できます。あなたが相手へ関心を持っていれば、それを身体で表現すると相手もあなたの好意を敏感にキャッチしてくれるはずです。

例えば、**人は相手の話に興味を持って聴くときは、無意識に前のめりになるものです。**それは、「私はあなたの話に興味を持っていますよ」、「磁石のようにあなたに引き寄せられているんですよ」というサインとなります。

そして、**相手の話に集中しているときは、無意識に自分の利き耳の方を相手に向けて、首を傾けています。**
これは疑問の意味の傾きではなく、「聞き耳を立てて聞いていますよ」になり、相手はそれを見たときに、自分の話を本気で聞いてくれているんだな、という感覚が芽生えます。それは**無言の承認**になるので、相手もうれしいものです。

そして、もうひとつは相手におへそを向けること。これはどういう意味かと言いますと、話す相手が対面の場合は、そのままでもおへそは向いていますが、座っている場所がななめだったり、真横だったりする場合は、顔だけ向けて聞くのではなく、その位置を移動しないまでも心持ちおへそをそちらに向けて、**正対の位置になって聴くこと**です。

いわゆる「腹を割って話す」という言葉があるようにお腹や胸を向けて話す行為は、心をオープンにしていることを意味しますから早い段階で信頼関係を築いていけるでしょう。

こういう話をする場合、「目線はどこに置けばいいか？」という話によくなるのですが、目線のことは忘れてください。

目は脳と直結している器官です。相手の話に耳を傾ければ、自然と相手の顔を見たくなりますし、相手の表情が気になるようになります。
不自然に相手のどこか一部分をずっと見ているよりも、相手の表情や仕草をよく見ることが大切です。

# 28

## 相手と一歩近づいた関係になりたい

### ● 思いが空回りする…… ●

さて、ある程度会話が進んで、お互いがほぐれた後、
より素になりながら会話を楽しんでいきたいわけですが、
さらに一歩進んでお互いの関係が近づくには
どうしたらいいでしょう？

相手に対して興味関心はあるんだけど、
それをどう伝えたらいいかわからない。
「あなたと仲良しになりたいんです」と言うわけにもいかず、
逆になんだかギクシャクしてしまったり。

### ● 意識を内から外に向ける ●

コミュニケーションが苦手なＷさんという女性から相談を
受けたときのこと。

彼女は、誰と話をしても緊張するタイプの人でした。
何を話したらいいかわからないし、長年勤めていた会社でも

誰ともあまり話さないので、何となく自分の居場所がないような感じがしていたそうです。

どうしたらみんなと打ち解けられるか？　と、アドバイスを求められたので、「今まで何年もその会社にいたのだから、変わろうとせず、そして**コミュニケーションを無理にとらなくてもいいし、変わらなければならない！　という思い込みを捨てて、まずは、周りを観察すること**に徹してみるのはいかがでしょうか？」とお答えしました。

何を観察したらいいかわからない、とおっしゃっていたので、相手が好きな人だったら何を見ますか？　苦手な人だったら、何が苦手なのだろうか？　と頭の中で想像してみて、相手を観察してみたら？　とお答えしました。

一か月後、彼女が報告に来ました。

**彼女は、自分は今まで周りの人々をほとんど見ていなかった、ということに気づいたそうです。**以前の自分は、意識は常に自分の方に向いていて、「どう見られているかな？」とか、人と比べて「自分はダメだー」とか「今の発言で私はどう見られたかな」ということばかり考えていたそうです。

よく周りを観察するようになってさらに気づいたのは、今まで自分が見ていたのは、目の前のパソコンと、他の人の顔以外のあらましをボンヤリ眺めていただけ。
つまり、顔や表情はみていなかったことにも気付いたそうです。

観察を続けていくと、さらに色々なことに気づいたそうです。
**みんなの朝の挨拶がさわやかであること、**
**笑顔で自分に挨拶してくれていたこと、**
**イライラしているように見えていた同僚は、仕事に非常に熱心で会社の売り上げを伸ばそうと必死になっていたこと、**
**上司のネクタイが毎日違うことにも驚きでした。**
**花粉の時期には、鼻がみんないつもよりも赤くてカサカサしていたことなど……。**

そのうち、他人の表情もわかるようになりました。
いつもよりも元気で何かうれしそうだな、昨日よりも疲れてそうだな、とか……やがて、そうしてキャッチできたことが自然と言葉に表れるようになったようです。

あるとき、ある男性の社員に
「何かうれしいことでもあったんですか？」

と聴いてみたそうです。聴かれたほうは、まさか彼女がそんなことを聴くとは思っていなかったので、最初はびっくりしていたようでした。

ですが、自分がうれしそうにしていることを指摘されて、嬉しかったのか、
「わかる？　Wさんだけだよ。俺が嬉しそうにしているのがわかったのは……実はさぁ〜……」
という具合に自然と会話までできるようになったのです。

しかも、もともと会話しようと思っていたわけではなかったので、彼女も素で答えられたそうです。
**「うん、だって、そう見えたから」**
そのことがきっかけで、会社の飲み会にも誘われるようになり、社内では彼女のことをなんか明るくなったよねー、とか、癒し系とまで言われるようになったそうです。

### ● 目に見えることを話題に ●

たとえば、相手が身に着けているもので、素敵だな、と思う物、ありますか？
あなたが素敵だと思うものに目を留めて、それを言葉に出し

て自分の気持ちを伝えるだけでいいのです。

「そのバッグ、素敵ね。私、そういうの好きなのよね〜」
言われた人は、それだけであなたに好感を抱きます。

そんな取るに足らないことでいいの？と思うかもしれませんが、**逆にその程度のことでいいのです。**
最初から、気構えてあなたの心の奥底を知ってもらう必要はありません。
人と人との関係は、焦らず作っていけばいいのです。

Wさんも、自分の内側にばかり向かっていた意識を外に向けることから始めて、だんだん周りとの関係性を良くしていきました。
自分の外に意識を向けると、それまで見えてなかったものがどんどん目に入ってきます。
それを、まずは楽しんでみてください。それがきっかけであなたの周りもきっと変化していくことでしょう。

## 29

# 自分のことをもっと知ってもらいたい

### ● 自分のことを話すのは恥ずかしい ●

冒頭でもお話しましたが、聴き上手になったからといって、コミュニケーションが上手くいくとはかぎりません。いつも相手が話してくれる場合ばかりではありませんし、自分から話さないといけないシチュエーションも多くあるでしょう。その場合、やはり、自分のことをオープンに話すことによって、相手も素になりやすくなります。

しかし自分のことをオープンに話すのに抵抗がある人もいます。
**「この人にここまで話をしても大丈夫だろうか？」**
**「この人にここまで話すのは嫌だな」**と警戒心が解けない場合は、どうしても何かを含んだような話し方になり、相手もあなたに対して警戒心を覚えてしまいます。

### ● 好きなことを好き！と勇気を出して言ってみる ●

例えば、何か特定のものを好きだと周りに公言するのは、意外に勇気のいる行為です。人によっては、自分の好きな芸能人の名前すら言うのも恥ずかしいという人もいます。
そういう方は、何かを好きだということで、自分の価値観を軽く見られたり、自分の評価を下げてしまうかもしれないという恐れを抱いているのではないでしょうか。

例えばですが、AKB48や、ももいろクローバーZ、またはアニメなどが好きな方は沢山いらっしゃると思います。または、自己啓発やスピリチュアルが好きでたくさん学んでいる人もいます。しかし、中にはそれらが好きなことを相手に隠している人もいます。

なぜ隠しているか？　というと、**「こういうのが好き、と知られたら相手にどう思われるかわからない」**と思うからでしょう。

しかし、考えてみて欲しいのですが、究極な話、あなたの好きなことに眉をひそめるような友人はいなくても大丈夫なのです。

もし、嫌われるかもしれない、と言って自分の趣味を隠して結婚にまで至ったとしても、結婚してからバレて驚かれるとか、中には趣味の物を奥さんに捨てられてしまった、という例もあります。

ですから、気にしないであなたが好きなことを相手に話してみてください。そう！　自信を持って話すのです。それで相手が引いている感じがしても、たいしたことはありません。「うんうん」と聞いてくれることもあるかもしれませんが、もしかして引かれることもあるかもしれません。それもまたそれでいいのです。

話し終わった後に、引いているような気がしたら「あれ？　引いている？」と言えばいいだけです。

また、あなたが自分の好きなことを隠している、ということは、実はある意味交友の幅を狭めていることにもなります。

**素で好きなことを常に話をしている人は、それに共感する人たちが寄ってくる**ことになり、その人間関係の幅は広がっていくのです。隠していれば、あなたがどんな人かは周りの人は、知ることがないでしょう。

**知らなければお互い素にもなれません。**

なので、恐れることなくあなたの大好きなこと、趣味、興味関心を話してみてください。それらは、人間関係の試金石となっていくことでしょう。

### ● 自分の感動を伝える ●

人は自分のよかったことを心をオープンにして話そうとしても、自分のことをわかってもらおうとするあまりに、
「君たちも○○の趣味を持った方がいい」とか
「あのアイドルのコンサートに行ったら、絶対にファンになるよ。今度行ってみて！」
と、このように自分の得意分野を主張しすぎたりして、周りが引いてしまうことも多いですね。

つい言いすぎて押しつける形になってしまうのは仕方がないことですが、それよりも、自分がそのことによって、どう心動かされたか、と自分の感情基軸で話すと、うまく話せます。

**①「○○というお店は美味しかったよ。雑誌でも紹介されてたし。あなたも食べに行ったら？」**
**②「○○というお店で食べたら、ものすごく美味しくて、あれから毎週のように通っているの。あそこのパスタ、絶品な**

**の！」**

この場合、自分の感動をそのままオープンに話しているのは②です。
自分のよかったことを押し付けがましく相手に話すよりも、自分がどう感動したかを、そのまま伝える②の方に人は好感を持ちます。

### ● 自分の嫌な感情も伝えてみる ●

人はうれしいことを言われると笑顔になり、相手もそんなあなたの感情をキャッチしています。しかし往々にして、人から嫌なことを言われたりしたときは、不快な気持ちをあえて伝えることをしません。
それは**和を乱したくない**、という感情が先立つのでしょう。

しかし、素であるならば、「嫌なものは嫌である」ということも伝えることは大切です。
例えばこんなよくあるシチュエーションを考えてみて下さい。

A子「なんかあなたの服ってさ、いつもブリブリだよね～（笑）」

あなた「(カチーン！)……え？　そ、そうなんだよね〜。私、センスよくないからさ〜」

本心を言えば、あなたは相手の言い方が腹立たしいのですが、ついついヘラヘラ笑ってその場を通り過ぎようとします。
これではいつまでたっても、A子はあなたに同じことを言い続けることでしょう。

そんな時は、**しっかり自分の嫌な感情を伝えてみてください。**

「なんだか、A子にはファッションのことで褒められたことがないから自信なくすな〜。ちょっと傷つくわ」

相手は意外にびっくりするかもしれません。なぜなら、相手はあなたが傷つくということを知らずに言っていることのほうが多いですし、また、あなた自身はいつもヘラヘラ笑っているので、今まで**不快に思っていることが伝わっていない**のです。

**自分の嫌だと思う感情も伝えてみましょう。**それもまた素になる上で重要な部分です。

30

## 相手に合わせない！ 我が道を進むのススメ

### ● 誰のペースでいればいいの？ ●

一般的なコミュニケーション術の基本、または傾聴スキルと言われているものの基本は、相手に合わせる、という手法を教えられることがほとんどです。

そして、**気まずい思いをしないために、相手に自分を合わせていたパターン**がほとんどではないでしょうか？

しかし、**素のコミュニケーションでお勧めすることは逆です。**
相手に合わせる必要はありません。素の自分のまま、そしてリラックスした状態で相手とのコミュニケーションを楽しめばいいだけです。

しかし、それはマナーを欠いた態度をしていい、とか、ふんぞり返って失礼な態度を示していい、ということにはなりませんのでご注意を。

**マナーをもちつつもリラックスして素で相手に接すること**こ

そが、お互いが早く楽にコミュニケーションをはかれる第一歩となるのです。

これにより、接する方も、無意識にこちらにペースを合わせるようになるのです。そう。無意識に、というところがポイントなのですが、相手もまた合わせようとしてこちらに合わせているのではなく、**自然とお互いのペースが合ってきている**、ということです。

脳の機能としては、無意識に相手に合わせてしまう、というものがあります。典型的な例としては相手があくびをすると、自分もまたつられてあくびをしてしまう、というように。

人は、リラックスしている人に接すると、自分もまたリラックスしてきます。なので、下手なスキルをあれこれと使うよりも、あなたはあなたのままで、素でリラックスした状態でいれば、相手はいつの間にかあなたのペースに巻き込まれていくのです。

一般的に言われているコミュニケーション術は、ペーシング（相手にペースを合わせる）などして、信頼関係を得ようとしますが、**「そのスキルを使うぞ」と意識している時点で、**

**どこかわざとらしさが出たり、または緊張が出たり、何となく違和感に繋がっていきます。**

それよりは、むしろ最初から自分はこういう人間である、ということでそのまま行くなら、相手は第一印象から「この人はこういう人なんだな」と見てくれるのです。

過大評価もない、次に会った時の減点もない、そのままの**リラックスして楽しんでいるあなたである**、との認識ゆえに、相手もまたリラックスしてあなたと接することでしょう。

# 31

## あなたの素はもっと魅力的になる

### ● きっかけは笑顔から ●

当たり前のことでびっくりされた方ごめんなさい。
しかし、やはりここは基本であり、まず自分、そして相手がリラックスしてお互いが早く素になれる一番の方法なのです。
なぜでしょうか？
それは、**笑顔は一番の自己開示**であり、親しみの表現であり、相手に対する個人的関心でもあり、親しみのしるしでもあり、コミュニケーションのすべての原点でもあり土台でもあり、すべての要素がここに集約されているからです。

例えば、赤ちゃんは非常に弱い立場なので、自分を守る術《すべ》がありません。**彼らが持つ最大の武器は「笑う」こと**なのです。赤ちゃんの無防備な笑いを見ただけで、私たち大人は本能的に親しみを感じ、守ってあげたい、またはかわいいな、という気持ちが誰もが芽生えてくるのです。

笑顔は**「私は無防備で攻撃性がないよ。あなたの敵ではなく味方だよ」**を非言語で伝えるものとなり、無防備でありながら、実は強力な武器になるのです。そして、笑顔は余裕の表れでもあります。緊張している時は笑うことはできないでしょう？そういう状況でも笑っていられる、というのは、素であり軸があるようにも見える、ということです。

笑顔の効能については、あまりに多いのでここでは詳しくは論じませんが、科学的にも生理学的にも研究結果があります。心に関係なく口角あげるだけで脳内では、幸せ物質と言われているセロトニンが脳内で放出されることがわかっています。

それだけでリラックスモードに自分が入り、まず自分が素になりやすい状況を作っていることになります。それが**相手との早い段階で信頼関係を作ることに寄与する**のです。

### ● 表情が見えないコミュニケーションは不安になる ●

私の職業であるコーチングやカウンセリングで一番重視されるのは、スキルよりも何よりも、クライアントとの信頼関係をいかに築くか、です。

なぜならば、どんなに高度なスキルがあっても、心の架け橋である信頼関係がない状態ですと、まったくコーチングもカウンセリングも機能しないのです。

笑顔で接すると、自然と人は警戒心を解いて、安心してリラックスできるようになるのです。

しかし、現代人はネット社会、または携帯のメールやSNSと呼ばれるfacebook、LINEなどのコミュニケーションが浸透してからは、表情を使って話をすることが少なくなってきたためか、自然の笑顔が出来る人々が少なくなってきています。

ネット上のコミュニケーションでは、気持ちよく笑顔の絵文字を使っているのに、実際に人と会って話してるときは、表情が乏しいなんて人もちらほら。
**実際の生活こそ、笑顔を使っていきましょう。その方が効果は何倍もあります。**

人と会って話すときに、すこし口角をあげることを意識するだけでも相手に与える印象はずいぶん違いますし、声を上げて笑うことは、コミュニケーションにおいては相手との絆を深めるのにいい効果を発揮します。

もう一度言いますが、コミュニケーションで一番大切なのは、「笑顔」です。これだけでも、**人間関係やコミュニケーションにおいての問題は半分以上解消されることになりますし、最大の武器**になるのです。
最初は、ぎこちなくても大丈夫。笑顔の練習なんて大それたことをしなくても、

素のあなたなら、もう自然な笑顔になれるはず。
笑顔は誰でもできる、みんなを幸せにする方法です。

★ 笑顔は最高のコミュニケーション

# あとがき

皆様、いかがだったでしょうか？

この本は、コミュニケーション術の本では異質の部類に入るかもしれませんが、私たちは、本質的に誰もが素晴らしくて、そしてみんなが違うキャラクターだから面白い。それが、みんな同じような対応になったら逆につまらないもの。自分の良い資質を見つけ、それを受け入れ、”そのままのあなたが素晴らしい”という気持ちを込めてこの本にしたためました。

私はコーチングのコーチとして、もちろんコミュニケーションのスキルも提供していますが、これまでの経験上、スキルは参考にはなるものの、結局は、その人の本質が表に出たときに、自由なコミュニケーションが一番人間関係によいことを見てきました。

東北大震災の苦難の時に出たのは、人としての本質、つまり素の部分でした。震災で家族を亡くし、失ったものもたくさんありましたが、それでも消え去ることのないもの、それがその人のよい資質なのです。そして、苦難にあった人の多くが、愛を示し、分かち合いの精神、気遣いを示したのです。

それぞれが自分のよいところに気付く。これは人間関係コミュニケーションにかかわらず、人生においてとても大切なこと。

あなたが人間関係に迷った時に、何度もこの本を開いて、「素でいいんだ～」と原点に戻れるような、そんな一生の友にして欲しい本です。

そして、いつも本のあとがきに同じようなことを書かせていただくのですが、私が一番感謝している対象者の方々のおかげでこの本を出すことができました。

それは、読者様たちの存在にほかなりません。彼女たち（最近はフェイスブックの影響で男性も増えていますが……）のおかげで、私は執筆できているからです。

私の人生を大きく変えていくきっかけになったのも、ネット上で自分の素を出すのは本当に難しいと言われていますが、私は彼女たちがありのままの私を受け入れてくれている、という確信を持つことができているので、こうして私は素の自分を世界中にさらけ出すことができているのです。
ゆえに、今回このような「素のコミュニケーション術」という、類書のない本を出すことができました。

何度言っても足りないくらいの、「ありがとう」の感謝の言葉を読者の皆様に送りたいです。

ワタナベ薫

P r o f i l e

**ワタナベ薫**

K a o r u　W a t a n a b e

1967年生まれ。仙台在住。美容、健康、メンタル、自己啓発、成功哲学など女性が内外面からキレイになる方法を、独自の目線で分析して情報配信しているメンタルコーチ。株式会社WJプロダクツ代表取締役。コーチング要素を取り入れた音声プログラムの受講者は2年間で延べ3000人を超える。また、日本全国で行う自主セミナーも5年間で約3000人が参加する。2006年より始めたブログ「美人になる方法(http://wjproducts.seesaa.net)」は1日1万人が訪問し、部門別で6年連続人気No1を獲得している。20代の極貧生活から30歳で離婚。その後、39歳で流産、人生のドン底を経験した。現在は、その経験を活かして、様々なクライアントのコーチングにも対応している。日本全国を飛び回ってるゆえ、派手な生活を送っているように見られるが、実は、出不精、家の中が一番好きという一面もある。

s t a f f

イラスト　matsu（マツモト ナオコ）
デザイン　名和田耕平デザイン事務所
広報　岩田梨恵子・高山直樹
編集　永井 肇
営業　津川美羽
制作　小林容美
印刷　株式会社シナノパブリッシングプレス 倉田 篤　前田 渉
資材　中庄株式会社 齋藤浩之

自分に自信がないあなたでも必ずうまくいく

# 素《す》のコミュニケーション術

2013年9月30日　初版発行

著者
ワタナベ薫

発行者
鶴巻謙介

発行所
サンクチュアリ出版
〒151-0051 東京都渋谷区千駄ヶ谷2-38-1
TEL 03-5775-5192　FAX 03-5775-5193
http://www.sanctuarybooks.jp
info@sanctuarybooks.jp

印刷所
株式会社シナノパブリッシングプレス


ISBN 978-4-86113-997-0 Printed in Japan
落丁本・乱丁本は送料小社負担にてお取り替えいたします。